Adolf Schiber

**Die Ortsnamen des Metzer Landes**

und ihre geschichtliche und ethonographische Bedeutung

Adolf Schiber

**Die Ortsnamen des Metzer Landes**
*und ihre geschichtliche und ethonographische Bedeutung*

ISBN/EAN: 9783743648234

Hergestellt in Europa, USA, Kanada, Australien, Japan

Cover: Foto ©ninafisch / pixelio.de

Weitere Bücher finden Sie auf **www.hansebooks.com**

# Die Ortsnamen des Metzer Landes

und ihre

# geschichtliche und ethnographische Bedeutung.

Nach einem Vortrag, gehalten am 12. November 1896

von

## Adolf Schiber, Metz.

Sonderabdruck aus dem Jahrbuche der Gesellschaft für lothringische Geschichte und Altertumskunde. Band IX.

METZ
Druckerei der Lothringer Zeitung
1898.

# SONDERABZUG

aus dem

Jahrbuche der Gesellschaft für lothringische Geschichte und Altertumskunde.

Band IX. 1897.

# Die Ortsnamen des Metzer Landes
## und ihre geschichtliche und ethnographische Bedeutung[1].

Nach einem Vortrag, gehalten am 12. November 1896,

von **Adolf Schiber**, Metz.

---

So sehr die Häufigkeit der Ortsnamen mit der Endung heim in einigen Teilen des Elsasses dem Fremden auffällt, ebenso sehr erregt die Aufmerksamkeit, besonders des Deutschen, das Vorkommen vieler Ortsnamen mit der Endung y in der Umgegend von Metz.

Gelegentlich der Vorstudien zu meiner Arbeit »Die fränkischen und alemannischen Siedlungen in Gallien«[2] wendete ich diesen Ortsnamen natürlich ein besonderes Augenmerk zu, indem ich von denselben, im Gegensatz zu den Ortsnamen auf ville, court, mont und dergl., annahm, dass sie mit germanischer Siedlung nichts zu thun hätten.

Die Anhäufung dieser Klasse von Ortsnamen um Metz trat mir übrigens besonders klar vor die Augen, als ich die Verbreitung der Ortsnamen mit den oben erwähnten Endungen ville, court etc. einerseits und jener mit der germanischen Endung ingen andererseits auf einer Karte synoptisch darstellte — es entstand da, wo die Namen mit y zahlreich auftraten, eine ausgesprochene Lücke, da Ortsnamen der von mir berücksichtigten Art sich hier fast gar nicht vorfanden. Ich erklärte mir dies aus der Nähe einer so alten Kulturstätte, wie Metz eben eine ist.

---

[1] Abkürzungen:

C. I. L. = Corpus inscriptionum latinarum, ed. Mommsen.

I. desgl.

B. = Bouteiller, Dict. topogr. de la Moselle.

L. = Lepage, » » » » Meurthe

F. = Flecchia, Giovanni, di alcune forme de' nomi locali dell' Italia superiore. Memorie dell' l'Academia di Torino, 1873.

H. = Hölscher, Die mit dem Suffix — acum — iacum gebildeten französischen Ortsnamen. Diss. Strassburg 1890

P. — Mitteilung des Herrn Pfarrer Paulus.

Trübner. 1891 S. u. a. O. S. 86, 96, Note.

Zu einer näheren Untersuchung dieser offenbar romanischen Ortsnamen veranlasste mich die Erwägung, dass nach meiner Erfahrung massenhaftes Auftreten von Ortsnamen gleicher Endung mit einem Personennamen in ihrem ersten Teil auf einen colonisatorischen Akt hinzuweisen pflegt, dem die so gleichförmig benannten Orte ihre Entstehung oder doch ihre Benennung verdanken.

Sollte etwa auch bei den Orten auf y sich etwas Ähnliches nachweisen lassen? Diese Frage drängte sich mir naturgemäss auf.

## 1.

Eine nähere Betrachtung der Ortsnamen mit dieser Endung ergab freilich, dass letztere durchaus nicht immer den gleichen Ursprung hat, und dass auch nicht in allen diesen Ortsnamen ein Personenname steckt.

Zum grossen Teil allerdings ist die Endung y entstanden aus dem Suffix acus oder aus iacus, resp. aus acum, iacum, nicht selten aber findet man als die älteste Form, soweit man sie ermitteln kann, etum; in anderen Fällen ist die Endung y wieder anders entstanden oder sie entzieht sich der Erklärung.

Mein Bestreben ging nun zunächst dahin, festzustellen, in welchen dieser Ortsnamen sich Personennamen befinden, und welches diese Namen sind.

In dieser Beziehung fand ich bedeutende Vorarbeiten besonders bei d'Arbois de Jubainville [1]), der für eine erhebliche Anzahl von Ortsnamen, zum Teil auch aus hiesiger Gegend, zum Teil aus dem übrigen französischen Sprachgebiete, aber gleicher Form, die zu Grunde liegenden Personennamen herausgeschält hatte. Auch bei anderen Schriftstellern fanden sich Untersuchungen in dieser Richtung, so namentlich bei Houzé und Cibeleisen [2]).

Bei diesen Beiden scheint mir aber das Bestreben vorzuherrschen, die Namen soweit möglich als Naturnamen zu erklären, das übrigens bei keinem der Genannten übertrieben wird, wie es bei Mone der Fall ist. Besonders Ersterer hat dabei eine grosse Hinneigung, die Ortsnamen aus dem keltischen Wortschatze zu erklären, eine Aufgabe, die ja für einen Keltologen etwas besonders Anziehendes haben mag.

[1]) Recherches sur l'origine de la propriété foncière et des noms des lieux habités en France. Paris 1891.
[2]) Houzé, Études sur la signification des noms des lieux en France. 1864. Cibeleisen, die romanischen und fränkischen Ortsnamen Welsch-Lothringens. Metz 1887

Es scheint auch für den ersten Blick als etwas Natürliches, dass die germanische Landnahme sich im Auftreten massenhafter Ortsnamen bekundet, die aus dem Namen der Sippe oder der neuen Grundherren herzuleiten sind (vgl. meine fränkischen und alemannischen Siedlungen, S. 3, 11, 43), dass dagegen für die früheren Zeiten Naturnamen die Regel bilden müssen, wie das z. B. in Engadin thatsächlich der Fall ist.

Diese Ansicht liesse sich nur widerlegen, wenn man das Vorwalten von Personennamen in Ortsnamen in sehr grosser Zahl nachwiese; desshalb schon musste die Untersuchung auf alle Ortsnamen, gleichviel welcher Endung, und auch über die nächste Umgebung von Metz hinaus ausgedehnt werden. Je zahlreicher die Beispiele und je umfassender die Untersuchung, um so weniger war anzunehmen, dass eine täuschende Ähnlichkeit uns die Existenz eines Personennamens vorspiegle, was ja in einzelnen Fällen immerhin möglich erscheint, wie im Laufe dieser Untersuchung noch näher zu erörtern sein wird.

Ich ging dabei in der Weise vor, dass ich die alten Formen der Ortsnamen zu ermitteln trachtete, oft genug musste man sich freilich mit denen des spätern Mittelalters begnügen, und dann prüfte, ob uns Personennamen überliefert sind, aus denen der Name ungezwungen sich herleiten liesse. Hierbei leistete mir besonders das Corpus Inscriptionum latinarum von Mommsen, welches eine grosse Anzahl von Geschlechts- und Beinamen (Gentilicien und Cognomina) enthält, die besten Dienste[1].

Um dem Leser die Möglichkeit zu gewähren, meine Ableitungsversuche nachzuprüfen, muss ich im Folgenden einiges vorausschicken, was nicht ohne Weiteres als allgemein bekannt vorauszusetzen sein dürfte.

In allen früher von Kelten bewohnten Gegenden findet sich bei Lokalnamen sehr oft die Endung acus, welche hier in der Regel eine possessorische Bedeutung hat, analog dem lateinischen anus; wo also der Römer von einem fundus Arrianus spricht, nennt der Keltoromane das Besitztum fundus Arriacus.

Beide Formen kommen schon in der tabula alimentaria Vellejana nebeneinander vor (104 n. Chr.).

Zurückzuführen scheint diese Form auf eine keltische Endung ec, die eben die Bedeutung von anus hat, nebenbei aber auch ebenso gut die Funktion eines Quantitivums und eines Diminutivums versehen

---

[1] Ich danke die Möglichkeit seiner Benützung dem gütigen Entgegenkommen des Herrn Lycealdirektors Herrmann; leider ist der Band für das transalpine Gallien noch im Erscheinen begriffen.

kann. In beiden letzteren Fällen aber wurde sie bei der Übertragung ins Lateinische in der Regel durch etum ersetzt[1]).

Die Endung acus an einen Geschlechtsnamen angehängt, gab natürlich iacus: also Arrius = Arriacus: nach einem cognomen, der kein anslautendes i im Thema hatte, acus schlechtweg: Burnus gab Burnacus.

Acus und acum wurden nun später aco: der Endvokal in aco fiel im südlichen Frankreich meistens weg, so bildete sich die Form Juliac aus Juliaco; im nördlichen Frankreich, im Gebiete der lungue d'oil, trat wohl zunächst ebenso eine Erweichung des c ein, wie im Italienischen, wo aus Liciniacum Lisignago wurde[2]). Die Sprache blieb aber dabei nicht stehen. Das aus c erwachsene g rückte weiter zu j (vgl. rhätoromanisch lacus = lej) und i vor, und a wurde vor und mit i zu e (ai), ähnlich wie aus baca französisch baie, aus pacat französisch paie geworden ist. Vgl. Hölscher a. a. O. S. 10, 11 und 13. So konnte aus Marciacum Mercey werden.

Im südlichen Lothringen finden wir die Endung ey allgemein: in der Nähe von Metz nur bei einem Namen, bei Cherisey, was man überdies allgemein nur Cherisy sprechen hört; sonst stets y.

An diesem Ortsnamen konstatieren wir zugleich das Walten einiger anderer Sprachregeln.

Der alte Name ist Carisiacum; c vor a wird im Nordfranzösischen zu ch, cantus = chant[3]), was nicht hindert, dass das a in der offenen Silbe zu e umlautet: caput = chef, caballus = cheval.

Noch ist besonders zu erwähnen, dass al vor einem Konsonanten zu au wird — alba, aube[4]).

Andere Umlaute sollen nur besprochen werden, soweit der Einzelfall Anlass bietet, eine allgemeine Besprechung verdient nur noch das Schicksal des i vor acus, das in den alten Formen in den meisten Fällen erscheint, wie d'Arbois annimmt, weil in der Regel ein Geschlechtsname auf ius dem Ortsnamen zu Grunde lag. Doch scheint es auch oft unorganisch eingedrungen zu sein.

[1]) Ausnahmsweise kommt acus als Quantitivum vor, meist, wenn nicht immer, in Fällen, wo auch das Appellativum kelt. Ursprungs ist, wie Benacus, Guernacus, Betulacus, Sparnacus.

[2]) Ausgenommen das Friaul, wo acco die Regel ist.

[3]) Worte wie caporal, cantilène sind erst nach der Zeit, da dieser Prozess vor sich ging, eingeführt.

[4]) Ausnahmen wie malfaiteur, algarade etc. sind ähnlich wie oben caporal zu erklären.

Dieses i verschwand, wie aus dem Folgenden sich ergiebt, vor ei, ai nicht immer spurlos. II. S. 12.

Selbstverständlich ist, dass sein Einfluss auf ein vorhergehendes t, welches vor ia in c überging, erhalten blieb, aber auch wenn ein n oder l vorausging, liess es eine deutliche Spur zurück.

Beide wurden erweicht, mouillirt, n wurde zu gn = Montiniaco zu Montigny. Der Einfluss auf Aussprache (und Schreibweise) des vorhergehenden l zeigte sich in der mouillirten Aussprache des l und (graphisch) in der Verdopplung desselben, sowie dadurch, dass der dem ll vorhergehende Vokal in i überging oder einen Diphthongen mit i bildete, z. B. Gelliacum = Jailly, Marcelliacum = Marcillac.

Aber auch in andern Fällen werden die vorausgehenden Konsonannten von i beeinflusst; so ist es zu deuten, wenn aus Vipiacum = Vichy, aus Crepiacum = Clichy wurde [1]).

Die Urkunden aus dem späteren Mittelalter bringen oft statt der Form ei die latinisierte Endung einm, manchmal wird mechanisch acum an das aus acum entstandene ei angehängt. z. B. Flevigneiacum, um der Urkunde ein älteres Ansehen zu geben.

Übrigens ist die Form ey, ay, y nicht die einzige, in die iacum verwandelt wurde, oft findet sich é, besonders an der Südgrenze der langue d'oil, z. B. Montigné bei Angoulême. Siehe die Fälle bei II. S. 43.

Noch andere Formen finden sich aufgeführt bei Houzé und Hölscher; dieselben werden uns hier nicht beschäftigen. Wohl aber ist zu erwähnen, dass es noch eine grosse Anzahl anderer Formen giebt, aus einem Personennamen einen Ortsnamen zu bilden; von diesen verschiedenen Formen handelt ausführlich d'Arbois de Jubainville u. a. O. Hier soll von denselben nur die Rede sein, so oft Ortsnamen dieser Bildung in unseren Gesichtskreis treten. In unserer Gegend ist ihre Anwendung verschwindend gering gegen die mit acus gebildeten Namen.

In vielen Fällen kennen wir neben der romanischen eine germanische Form solcher Ortsnamen.

Letztere geben offenbar einen Anhaltspunkt, die Ableitung der romanischen Form zu kontrollieren, wenn wir wissen, wie Namen dieser Form, die ja besonders am linken Rheinufer sehr häufig noch erhalten sind [2]), in germanischer Mundart modifiziert wurden.

---

[1]) Vergl. rabies = rage, cambiare = changer.

[2]) Marjan. Kelt. Ortsnamen der Rheinprovinz. Programm der Realschule zu Aachen, 1880).

Da finden wir denn, dass die Endung iacus (oder acus) zu icha oder acha wird, woraus später ich, ig oder ach wurde — so Juliacum = Jülich, Sentiacum = Senzig, Abodiacum = Epfach.

Öfters fällt das i ganz weg, und wir erhalten Lauriacum — Lorch.

In diesen durch Wegfall des i verkürzten Formen wird aber nicht selten ch zu sch, Marciacum = Morsch. Vereinzelt ist Serviniacum = Silbernachen [1]). Diese Form bildet aber wieder den Übergang zu einer alsbald zu erörternden anderen.

Eine besondere Umwandlungsform nämlich, die bisher, wie es scheint, noch wenig beachtet wurde, ist der Wegfall des i und Auftreten der Endung chen oder gen, z. B. Mutiacum = Mitchen.

Beiläufig bemerkt sei, dass auch im deutschen Idiome die Vokale, besonders a, häufig den Umlaut in e erleiden, z. B. Materniacum = Metternich, was um so weniger befremden kann, als der Umlaut des a zu e ein Vorgang ist, der sich in der Entwicklung des Althochdeutschen als ein regelmässiger Vorgang darstellt.

Nicht selten können wir zweifelhaft sein, welcher von zwei oder mehreren römischen oder keltoromanischen Personennamen der Ortsnamenform zu Grunde liegt, resp. ob ein Cognomen oder ein Geschlechtsname; für die Frage, ob ein solcher Ortsname auf einen vorgermanischen Personennamen zurückzuführen sei, hat dies wenig Bedeutung.

Ortsnamen der hier behandelten Art kommen sowohl als Derivate von Geschlechtsnamen, wie von Zunamen und selbst von Vornamen vor: bisweilen finden wir auch Formen, die auf ein Gentilicium zurückverweisen, das nicht aufzufinden ist, wohl aber ein entsprechendes Cognomen.

In dieser Beziehung sei darauf hingewiesen, dass ein Cognomen und auch ein Praenomen zum Gentilicium leicht umgewandelt werden konnte, wie ja die alten Geschlechtsnamen selbst nichts sind, als patronymische Ableitungsformen von Personennamen.

So bedeutet die Gens Julia die Nachkommen des Julus, aus Dexter wird Dexterius, Liber = Liberius.

Aus Florus konnte aber auch die Form Florinius werden, aus Servus sowohl Servius wie Servinius, aus Rufus = Rufinius u. s. w.

Finden wir also auch in den Inscriptiones z. B. nur die Form Rupa, der ein männliches Cognomen Rupus entspricht, so ist die Möglichkeit einer Entstehung einer patronymischen Form Rupinius, und

---

[1]) Vergl. übrigens unten unter Montenach!

damit einer villa Rupiniaca, wie mir scheint, als durchaus glaubhaft erwiesen.

Nach dieser Darlegung der befolgten Grundsätze soll die Erörterung der Ableitung einer Anzahl von Ortsnamen aus der näheren und weiteren Umgebung von Metz folgen.

Die mit einem Sternchen bezeichneten Artikel betreffen Ortsnamen, hinsichtlich deren bereits andere, namentlich d'Arbois und Houzé, die Ableitung von einem römischen oder keltoromanischen Personennamen behauptet oder doch als möglich angedeutet haben.

Bei den Ortsnamen ist zugleich angegeben, wie oft diese Form in Frankreich vorkommt, und zwar auf Grund von Joanne, Dict. géogr. de la France.

Die hieraus sich ergebenden Folgerungen sind später zu erörtern.

## II. Die Ortsnamen.

### *Patronymische Namen.*

### A.

1. **\*Ancy.** a) Ancy s M. Anceyum 1146 B. b) lez Solgne, Anceiacum in einer Urkunde aus dem Archiv der Abtei St. Glossinde, datiert von 875, übrigens eine Fälschung des 12. Jahrhunderts [1]).

Das Suffix acum ist hier offenbar der bereits üblichen Form Ancei angehängt. Diese Urkunde in zwei Ausfertigungen beweist also zunächst nur das Vorkommen der Form Ancei für das 12. Jahrhundert. Ausserdem beweist sie auch, wie verwischt damals bereits der Unterschied zwischen acum und etum in Aussprache, Schrift und Überlieferung war, denn von den beiden Ausfertigungen, die von ein und derselben Hand herrühren, schreibt die eine Rovareincum, offenbar archaïsirende Form von Rovarei; die andere richtig Rovaridum (Roburetum). Ganz erloschen war die richtige Überlieferung hier doch wohl nicht, da der Ort noch jetzt Rouvrois heisst. Aus acum aber wird niemals ois, wohl aber aus etum manchmal y.

Derselbe Ortsname erscheint nach B. anno 1140 als Anceium. Die Annahme einer ursprünglichen Namensform Anciacum ist also begründet. Dieselbe erscheint auch urkundlich. Ecclesia Anciaci (1108) für die Kirche von Ancy-le-Serveux und für Ancy (Rhône) im 11. Jahrhundert als Anciaco [2]).

Die Ableitung vom Personennamen Antius ist also wohl begründet, denn dieser Name kommt oft genug vor, z. B. C. I. L. II, 4976. 438. V, 4124.

Der Name Ancy erscheint in Frankreich 3 mal.

---

[1]) Wolfram in den Mitteilungen des Instituts für österreichische Geschichtsforschung, XI. Bd., 1. Heft.

[2]) d'Arbois a. a. O., S. 379.

**2. Antilly.** Bei B.: 1297 Antiley, deutsch Enterchen (so offiziell im Jahre 1876). Die Form deutet auf Antullus, C. I. V. 6474, oder Antullius, zitiert bei Holder, altkeltischer Sprachschatz. Auch der Name Antuleius ist zu erwähnen, C. I. V, 4389.

**3. Aoury.** B.: 1445 Aury, 1631 Aurich. Der Name wird gesprochen Oury, wie bei Août = oût. Die deutsche Form Aurich bestärkt mich in der Annahme, dass y hier aus acum hervorging. Der zu Grunde liegende Name müsste wohl Angur oder Augurius sein. Das Cognomen Augur existiert.

Ich finde bei Brambach, Corp. Ins. Rhen., No. 935, »capito augur ... ex Coh. II.« C. I. V. 6833 ist M. Aug ... us vielleicht Augurius zu lesen.

Die Verwandlung von Auguriacum in Aoury entspricht ganz dem Übergang von Augustus zu Août.

**4. Argancy.** Stumpf: Reichskanzler III, 375, Arconcei, 1018. Nach B. 1200. Archanciacum; deutet auf den keltischen Namen Argentius. C. I. V, 6796. Unser Name setzt aber zu seiner Erklärung eine Form Argantius voraus. Dieses ist denn in der That die keltische Form; Holder a. a. O., S. 267.

**5. Arriance.** B.: 1180 Argenza, deutsch Argensgen. Nach P. 1386 Argentzen, führt offenbar auf die lateinisierte Nebenform des obigen Personennamens, also auf Argentius und ein hiervon abgeleitetes Argentia oder Argentius als Ortsnamen zurück.

**6. Arry.** B.: 1190 Areis, 1139 Areinm. Zurückzuführen auf Arius oder auf das häufiger vorkommende römische Gentilitium Arrius. C. I. II 4 mal, III 20 mal, V noch öfter. Vgl. Ariaco = Herry, d'Arbois a. a. O., S. 387.

1 Arry in Frankreich, Airago in Ober-Italien. F.

**7. Aube.** B.: Aubes 1324, von Albus. C. I. II, 1970. 150. V 9 mal — davon Albae oder Albas.

**8. \*Aubigny.** B.: Aulbingny 1426, von Albinus (Albiniacum) C. I. II, 3654. (Vgl. hierzu Albinus, C. I. II, 195, sowie d'Arbois a. a. O., S. 191), nach Joanne 23 mal in Frankreich.

**9. Augny.** B.: Avinago (857), Auniaco (1020), Avigny (1324), Augneium (1544). Personennamen: Avenia I. V, 3382: Avennius I. VI, 12807. Vgl. Ugny — Meurthe et Moselle, B. 1304 Ewigney, oder 634 (deutsche Form) Unichi.

**10. Avancy.** B.: (1404) Avencey. Aventius — de Vit Onomasticon I, 574. Vgl. d'Arbois, S. 510.

**11. Avigy.** B.: Averzei 1216, Awegey 1114. Die letztere Form würde auf Avitus, einen bekannten Namen (eines Kaisers u. A.) bezogen werden können; kaum auf das freilich ungemein häufige Avidius. Die ältere Form Averzei spricht aber nicht für eine solche Ableitung.

Der Name L. Severina Avertinia I. V, 1108, lässt aber eine Reihenfolge von Namen Avertus — Avertius — Avertinius annehmen und von Avertius leitet sich Averzei normal ab.

12. **Ay** (bei Ennery — ein zweites nimmt B. als abgegangenen Ort bei Metzeresch an!) B.: Ayey 1345, weist auf Aius I. V, 692, also Aiacum. Gröber vermutet Agiacum[1]), Deutsch Aich, Eich. 4 Ay in Frankreich.

13. **Béchy.** B.: Basseinm (1063). Bassus häufig, z. B. I. II, 265. Bassius I. III, 1431,32. V, 929, 8252. Vgl. Bassano in Ober-Italien.

14. **Bourdonnay.** L. Bourdenniers (1256), deutsch Bortenach. Burdo (Holder a. a. O.). Burdonniacus — Bourdonné, Seine et Oise.

15. **Buchy.** B.: Busseium 1063, Busseio 1157, Buseaco 1186. P.: Buxeum XII. Saec., Buxil 1330. Letztere Form, die auf Buxetum hinweist, ist aber sehr jung: in Frankreich gab sie Boussy. Buccius I. X. 1000, 1001. Bucciacum = Bucy, Bussy, d'Arb. S. 202.

16. ***Bury.*** B.: Buerey 1429. P.: Buriago 960; Buro I. X, 1597; Burrus I. X, 1791; Burrius I. X, 1403; Burnus I. V, 6512. — 1 Bury und 3 Burey in Frankreich. d'Arbois S. 203.

17. **Chagny** (la Horgne). B.: Chagny 1680, wohl auch Chaigney 1429, nicht Chesny, wie B. annimmt. Cannus I. II, 1784; III, 4150; V, 978. Auch Kanius kommt vor. d'Arb.: Caniacus 795 = Chennay, hierzu Chigné (M. et Loire). Caniacum — Konach (Luxemburg), Holder — Gagnago (Ober-Italien) F., 2 Chagny in Frankreich.

18.)
19.) ***Chailly*** a) lès-Ennery. B.: 1128 Chailley[*]). b) s.-Nied. B.: 1246, Chailley. Cogn. Calus I. V, 977, 8666. Calius, Callius, d'Arb. S. 204. Vgl. Chailley (Yonne), Chaillac, Indre. d'Arb. S. 204. 4 Chailly in Frankreich.

20. ***Chambrey.*** L.: Chambrei 1329. Cambarius, Holder. Cambariacus 658, d'Arb. S. 206.

21. **Chaussy.** B.: Le pont à Chaussy 1324. P.: Calciacum VII Saec. Caltius I. V, 2502, 8110. Deutsch: Kelsch. Diese Form ergiebt, dass sie in germanischem Munde gebildet wurde, noch ehe im Französischen der Umlaut von C in Ch eintrat.

22. ***Cherisey*** (gesprochen Cherisy). B.: Carisiacum 875. Die Urkunde ist dieselbe unechte, wie die ad 1 erwähnte; Carisium 1179, Chairixey 1361. Carisius I. V, 2328. Carisius, Triumvir monetalis z. Z. Cäsars, ein Veteran T. Carisius Alba, auf einer Stele (Coblentz), vgl. Kirsch. Ciarisacco, Ober-Italien, F.; Cherisy, Eure et Loire. Vgl. Carisey im Département Tonnère. Die Ableitung Houzé's von cerasus hat hiernach wohl wenig für sich. Ch deutet auf früheres Ca!

23. ***Chevillon.*** B.: Chavillons 1230. P.: Cavallion, 893. Cabillo: Holder a. a. O. Vgl. Cabillonum Bell. Gall. VII, 42 = Chalons-s.-Saône.

---

[1]) Zeitschrift für roman. Philologie XVIII, S. 448.

[*]) Nach B. Kettenchen — wohl der Name eines benachbarten abgegangenen Ortes. Vgl. Vitry-Wallingen.

**24. Chieulles.** B.: Xeulles 1244, Xeules, 1324; X ist in der alten lothringer Schreibform = Ch! Die Ableitung von Cajus = Cajolas erscheint mir glaubhafter, als die von Cibeleisen vorgeschlagene von Scala. (Vgl. Marieulles). Von Cajus rührt auch Cajaneum her = Goien bei Meran.

**25. *Cléry.** B.: Clarey 1404. Clarus, häufiges Cogn., so I. X, 1211. Clarius, de Vit Onomasticon II. 297. Clariacus 667 = Cléry (Loiret). 9mal in Frankreich.

**26. Coincy.** B.: Coinsey 1324. Consius I. X, 2323 und mehrfach. Consiacum bei Matton, Dict. topogr. de l'Aisne. Weniger wahrscheinlich: Quintius I. V, 5884, 7188 und noch öfter. Aus Quintiacum wurde Quincy (Mense). Die Form Coin wäre dann lothringisch, der St. Quentin heisst im 15. Jahrhundert St. Cointin: Bouteiller.

**27. *Crépy.** B.: Crispiacum 875 — unechte Urkunde, vergl. sub 1. Crispius I. III, 1031. Vgl. d'Arbois S. 223. Crépy in Frankreich 3mal. Crissian (Tirol) = Crispianum.

**28. Cuvry.** B.: Cuberacum 745, Cuveriacus 937; Cuperia I. III, 1914.

**29. *Destry.** B.: Destracham 835. Destrey 1315, Destrich 1544. Dexter I. III, 4388, u. m. V, 6596. Davon Dexterius als gentilicischer Name unbedenklich abzuleiten — indes kann ja auch das Cognomen Dexter ein Dexteracum gegeben haben.

**30. Erpigny.** B. hat nichts. Ist die Form nicht eine von der vorauszusetzenden alten allzusehr corrumpierte, so würde der Name sehr gut zu Arpineius passen. C. bell. Gall. V, 27, ein eques C. Arpineius. (Vgl. Arpinum).

**31. *Failly.** B.: Fadiliaca 914. Fadius I. X. 1403 und mehrfach; Fadilius fand ich bisher nicht — doch lässt der alte Name hier kaum Zweifel an der Existenz des Gent. Fadilius. Grand Failly, cant. Longuyon = Fadiliaco 914. B.

**32. *Flavigny.** B.: Flavigneiacum 691 (auch diese Urkunde ist unecht, acus an das bereits vorhandene Flavignei angehängt). Flaviniacum 952. Flavinius I. II, 2854. 6mal in Frankreich.

**33. *Flévy.** B.: Flaivey 1404. Deutsch Flaich. Flavius ein sehr häufiger, bekannter Name. I. V, 1211 und noch über 100mal. S. auch Gröber, an dem sub No. 11 zitierten Orte. Die lautgerechte Form ist Flagy, vgl. aber auch Flavy (Aisne), II. S. 12.

**34. *Fleury.** B.: Floriacum 706. Florus I. V, 4378. Florius — d'Arb. S. 237. 23mal in Frankreich.

**35. *Frontigny.** B.: Fronteniacus 889. P.: Frontanney 1128. Frontinius I. II, 357, 2348.

**36. Glatigny.** B.: Glatigney 1192. Galatius = de Vit Onomast. III, 190. Galatia I. X, 4590. Davon Galatinius ohne Schwierigkeit. Glatigny 2mal in Frankreich.

**37. Grigy.** B.: Grixey 1404. Grisey XVI Säc. Grusius I. X, 3784¹.

38. \*Jailly. B.: Jailly 1756. Gellius l. II, 186, 4970. Gelius l. II, 1008, ebenso Gellia. 2 mal in Frankreich.

39. Igny (Avricourt). L. Ygneis 1364. Ignius: Inser. regni Neapol. Mommsen 1630, 6769. Innius: ebenda 2962. Igny in Frankreich 6 mal. Ignago, Ober-Italien. F.

40. \*Jouy. B.: Gaudiacum 745. Gavidius l. V, 909. Gavidiacum = Gaudiacum — von letzterem Jouy, wie gaudere = jouir. In Frankreich Jouy 16 mal, alle von Gavidius, nach d'Arbois S. 240; in Joanne 19 mal.

41. \*Jussy. B.: Jussiaca 860, 870. Jussiacum 1049. Jussus, resp. Jussius muss als Personenname vorausgesetzt werden, da sich mehrfach in Frankreich Jussy, Jussey, Jussao, Jussat als ehemaliges Jussiacum finden. II. S. 22, 33, 52, 59, 70, 76.

Man könnte sonst an Gessius denken, l. I, 110. Vgl. Gerei = Jury. B. Juvisy = Gevisiacum. H. 4 Jussy in Frankreich.

42. Kemplich. B.: Kempurich 1093. Kompachel 1276. Campilius l. X, 8053[a].

43. \
44. } Kirsch bei Lüttingen und bei Sierck. Ersteres Carisiacum super fluvium Rivertam (Bibisch), anno 791 nach Houzé. Houzé leitet den Namen wie Cherisey von cerasus ab. (Vgl. No. 20). Dagegen spricht hier das Suffix, das sonst etwa sein müsste. Anno 791 ist ein mechanisches Anhängen von acum nicht wahrscheinlich, in solchen Fällen pflegt ein bereits aus etwa entstandenes ei vorauszugehen. Vgl. sub 1. Es ist ganz unwahrscheinlich, dass die Germanisierung des Namens erfolgte, als Cerasus noch Kerasus lautete, wie das bei Kirsche = cerasus freilich der Fall war.

45. Lessy. B.: Lacey 1161. Lassey 1280. Lattius l. XII, 1974. Latia X, 51. Lassia X, 756, 1074. Auch an Lactus, Lactius kann gedacht werden. Lazzago, Ober-Italien. F.

46. Lezey. L.: Lezeis 1172. scheint auch auf einen dieser Namen zurückzuführen, trotz der germanischen Form Litzingen. Vgl. Ritzingen, S. 14, Note.

47. Ley. Laiacum im (angebl.) Diplom von 875 (kann nicht wohl Leyr sein). Laius, Mommsen, I. Nap. 6841.

48. \
49. } Lorry a) bei Metz. B.: Lauriacum 945. Lorez 1130. b) Mardigny. Lauriacum 1179. Larey 1404. Laurus l. II, 359; III, 2552. Laura bekannter Name. Ebendaher Lorich bei Trier, Lorch, 3 mal im deutschen Sprachgebiet. Die Ableitung von Laurus Lorbeer (Loretto), ist in jeder Hinsicht abzulehnen — eher könnte man allenfalls, wenn man die Möglichkeit einer deskriptiven Benennung erwägt, an keltisch laurio = serpillum, denken. Die Herleitung eines Ortsnamens von niedrigen Pflanzen ist nicht unerhört: Foulcrey (filicaretum), Ortiseit (Urticetum) u. A.

**50. Louvigny.** B.: Loviniacum 1130, P.: Loveneio 1126. Cogn. Lupinus, I. II, 4970. Vicecom. Lupiniacensis, 10. Jahrh. = Louvigny in basses Pyrénées (höchst auffallend n i c h t Louvignach), Sarthe, Calvados.

**51. *Lucy.** L.: Lusiacum 1137. Lucius, bekannter Name; I. V, 333 und 10 mal, Lucy 7 mal in Frankreich.

**52. Luppy.** L.: Lupeyum 1137. Lupius, I. III, 6010[u] ist kaum anzusetzen, da Luchy erwartet würde, wohl aber Luppo, I. III, 6010. Vgl. Luppio, I. V, 4370, Luppianus, I. V, 6732.

**53. *Magny.** P.: Magnei 1160. B.: Mannet 1201, Maigne 1225. Magnius, I. V, 2137. Magnin, 91, 6048. Auch Bd. X, wo auch Magneius. Fundus Magniacus: d'Arbois, S. 265. Magnago in Ober-Italien von Magniacum (Flecchia). 39 mal in Frankreich.

**54. *Mancy.** B.: Mancey 962. P.: Manceium 875, deutsch Menschen. Mantius I. V, 7814 und mehrfach. Mancy (Marne).

**55. Mardigny.** B.: Mardenei 1128. Martinius: Brambach, C. I. Rhen. 1130. Vergl. Wallis: Martigny (Martinach); Merzenich bei Köln. 8 mal Martigny in Frankreich. Erweichung des t ist ungewöhnlich.

**56. Marieulles.** B.: Mariolas 691. Ein bekannter Name ist Marius (I. V, 73), davon Mariolae — Mariolas, d'Arbois, S. 524. Soviel bekannt, sind in der Gegend keine Mare oder Sümpfe, die die Ableitung Houzé's unterstützen.

**57. *Marsilly.** B.: Mercilley 1404. Marcellius, I. V, 6038, 6543 etc. Vergl. Marsilly und Marcillac in Frankreich.

**58. Méchy.** B.: Marcey 1128. Maixey, 15 Säc., sowie

**59. Mercy-le-haut.** B.: Marcegium 962. Vergl. Mercy bei Audun-le-Roman, Marciacum 636, Marceium 1157.
Martius, I. V, 8422. Marcius V, 2545 und noch oft.
Vergl. Merzig 802, Marciacum in Rh.-Pr. (Marjan); Marsne, Mercey in Frankreich; Morzig bei Salzburg = Marciago. Méchy ist offenbar jenes Marciacum, in Bezug auf welches Mercy-le-haut das Obere genannt ist. — Mercy 4 mal in Frankreich.

**60. Metrich,** Methrich 1319 B. und

**61. Métry-Fontaine,** Gemeinde Ars. weisen beide auf Matrius wie Metternich auf Maternus.
Matrius, I. X, 5159. Besser passte wohl, für das ganz unter der Herrschaft französischer Lautgesetze entwickelte, Métry wenigstens, Matterius, das ich allerdings bisher in den I. nicht gefunden habe.

**62. Méy.** B.: Maiacum 973. Magius, I V, ca. 50 mal. Numerius Magius Bell. civ. III, 24.
Magia, jetzt Maienfeld, in Graubünden. Mey — Puy de Dôme.

63. **Montenach** bei Sierck. 1098 Monternache. 1400 Mondernachen (Bouteillers Form Mondelar passt eher auf Monnern). Ferner

64. a) **Montigny** bei Metz und

65. b) **Montigy-la-Grange.** a) 1341 Montigné. b) 1409 Montigny (B.). Vergl. Belgien, Montennecken. Montanus sehr häufig, davon Montanius und Montinius, d'Arbois, S. 264. 56 Montigny in Frankreich.

66. **Mulcey.** L.: Milcei 975. Milliche 1298. Multins, I. II, 3072.

67. **Mussy l'évêque.** B.: Mucei 1237, deutsch Mitchen. Stumpf, Reichskanzler, III. 375. Muzicha 1018. Mussius I. V, 317 und ff. 8 mal. Mutius I. V, 8115 und ff. 4 mal. 3 mal in Frankreich.

68. **Nouilly.** B.: Noveliacum 875 (die sub 1 besprochene Urkunde). Nonille 893. Novilla 1145. Nowilley 1280.

Ist wohl doch auf Novellius (I. V ca. 30 mal) zurückzuführen, trotz Vibeleisens Bedenken. Auch das bei Brülingen vorkommende Niverlach würde sich am einfachsten aus Novelliacum erklären.

Neuilly, 23 mal in Frankreich, wird so erklärt, ebenso Neuillé, Neuillac; vergl. Nivillac im Morbihan. 1063 Nuilac. 1245 Neveliac. Die Wiese (kell. now.), von der es nach Houzé kommen soll, ist jedenfalls nie gross gewesen, da dies das Terrain nicht zulässt.

69. **Ogy.** B.: Osey 1190. I. X, 2909, Otius. Aber besser noch würde die Ableitung von Ogius, I. V, 2176, oder von Augus passen. Holder führt die Form Angiacus an; ich habe den Namen Aug. nicht direkt gefunden, wohl aber I. III, 5371 Aug . . ., was so zu ergänzen sein wird.

70. **Olgy.** B.: Alxei 1324. Olxei XV. Saec.

Namen wie Auligius, Alibius, fand ich nicht, aber Ulbius zu Alxei würde übrigens am besten Alsius passen, I. X, 1404. Eine nicht patronymische Erklärung scheint hier noch weniger sich darzubieten.

71. *****Orly.** B.: Orley 1365. Aurelius — bekannt genug, in der Inscr., Bd. V, allein 4 Colonnen des Index. 2 Orly in Frankreich. Oriago in Ober-Italien. F.

72. *****Pagny** (lez Goin). B.: Pargney, XV S. P.: Parneiacum, XII S. Paternius, I. V, 5833. In Frankreich Pagny und Pagney. In der Rheinprovinz Federnach und Pattern, Marjan a. a. O. Pagny 5 mal in Frankreich.

73. **Paoully.** B.: Powilly 1404, Paullei 15. Jahrhundert und

74. *****Pouilly.** B.: Powilley 1307. Paulley 15. Jahrhundert. P.: Powelley 1181. Paullius, I. II, 4546. Eine Villa Pauliaca erwähnt Ausonius. — Polch bei Trier?

Von unseren beiden Orten liegt keiner an einem Sumpf, der uns auf die Ableitung Houzés führen würde. 15 Pouilly in Frankreich.

75. *****Remilly.** B.: Romchacum 862. Romilius I. V, 6026. 8 Remilly in Frankreich.

76. **Rüttgen.** B.: Ruscheye, Ruscheium 1046. Ruttiche 1097. Französisch Roussy-le-bourg und Roussy-le-village und

77. **Rugy.** B.: Ruxey 1404 (X = sch, also = Ruschey). P.: Ruscheiu 1036. Ruscus I. III, 5107. Rustins V, 4109, und sonst. Man kann auch an ruscus = Mäusedorn, denken. Die Ableitungen sind nicht ohne Bedenken — doch befinden wir uns in beiden Fällen in Gebieten, wo germanische Einflüsse bestimmt anzunehmen sind; Rüttgen liegt jetzt im deutschen Sprachgebiet[1].

78. **Ruppigny.** B.: Rupeney 1128. Stumpf a. a. O. Rupenacha 1018. I. II, 8061[10] Rupa, Cogn masc. Rupus, hieraus Rupinius.

An rupina ist um so weniger zu denken, als der Bann einen sehr steinarmen, flachen Boden aufweist, auf sanfter Terrainwelle. Erachtet man wegen des u in Ruppigny die Verdoppelung des p im Thema für unerlässlich, so wäre wohl eher an einen germanischen Personennamen zu denken (vgl. Ruppendorf) und unser Ortsname würde zur Gruppe B gehören.

79. **Saulny.** B.: Salniacum 1186. Salnei 1157. Salonius, I. V, 2681. 3102, 326, 2088, 1362. Auch Salinius scheint vorzukommen und Holder hat ein Saliniacum (Vo. acus). Salenus I. IX, 5843 (d'Arbois, S. 451).

Übeleisen leitet den Namen von Salix ab. Es ist zuzugeben, dass Salcinetum = Saulny möglich wäre. Dagegen spricht die wenn auch späte Form Salniacum, die auf guter Tradition zu beruhen scheint. Hätte man nur ohne Verständnis acum an die damalige Form Salnei angehängt, so hätte das Salneiacum, nicht Salniacum gegeben.

80. **Senzig.** B.: Senziche 1202. Sentius I. V, 1786. Sanctius: Belege bei d'Arbois, S. 313. Sinzig bei Coblenz = Sentiacus ib., S. 315. Vergl. Sancy, Meurthe et Moselle, deutsch Senzich.

81. **Servigny** bei St. Barbe. B.: Cervigney 1383 und

82. **Servigny** (Silbernachen) bei Rollingen. B.: Servinei 1266. Servinus I. II, 3663, 3664. Servinius II, 1010. Houzé schlägt Silvinus vor. Vergl Sievernich (Rh.-Pr.) = Serviniacum — Marjan a. a. O. 1 S. in Fr.

83. **Sillegny.** B.: Soleignei XII. S. Solignei 1165. P.: Solignei XI. S. Solengni 1226. Silenus, I. X, passt zu Sillegny, aber nicht zu den älteren Formen, diese weisen vielmehr auf Sollonius, I. V, 3426, 5830, oder — besser — Sollemnis, I. III, 6010[x4]. Vergl. Solemniacus bei Holder.

84. **Silly** en Saulnois. B.: Ciey 1315 und

85. **Silly** a. d. Nied. B.: Ciey 1315. P.: Cileiris 1005. Deutsch Sillers. Silius, I. II, 3414, und noch 3 mal.

Ein Cajus Silius kämpft gegen die aufrührerischen Treverer anno 21 n. Chr. Die Zwischenform Cileiris macht immerhin Bedenken. 4 Silly in Frankreich.

[1] So erklärt sich wohl auch die Endung Ritzingen an Stelle des schon in der Tab. Peut. beglaubigten Ricciacum durch die Zwischenform Ritzigen? Zum Namen: P. Riccius Celer, I. V, 7733.

**86. Tincry.** B. Dincraha, Tinkracha, Tinkirica, Tinkerey, alle Formen aus einem Polyptichum der Abtei Mettlach. Stumpf a. a. O., 1018. Tinquerei.

Tincillius nach Holder ein Personenname, von dem er ein gegebenes, seiner Lage nach nicht näher bezeichnetes Tincilliacus ableitet; es braucht dies nicht das unsere zu sein. Aus Tincilliacus mochte vor der Erweichung des c Tinciacus Tincriacus geworden sein. Dazu würden die germanisierten Formen Dincraha, Tincracha völlig passen. R für c hat hier nichts befremdendes. Vgl. Crepiacum = Clichy.

**87. Thury.** B.: Finagio de Turei 1316. Turus, I. V, 2430, 4088, 4881. Von Taurus leitet den Namen d'Arbois ab, vgl. II. S. 57. 67. 71, 74. 5 Thury in Frankreich.

**88. Trémery.** B.: Tremerey 1404. Deutsch Tremerchen. Tremellius bei d'Arbois, S. 628, zu Ortsnamen Tremilly, Haute-Marne.

Tremilly sollte man auch hier erwarten, vielleicht lässt sich Trémery erklären aus den hier früh anzusetzenden german. Einflüssen. Tremerchen statt Tremelchen; vgl. sub 2 Antilly—Enterchen. Letzteres hat allerdings nicht auf die romanische Form zurückgewirkt, aber Tremerchen war ausweislich der Flurname einst völlig germanisiert, was von Antilly nicht anzunehmen ist [1]). Jedenfalls deutet die deutsche Form »chen« bestimmt auf altes (i)acum.

**89. *Vallières.** B.: Valeriae 1181. Wallerias 1053 vom bekannten Namen Valerius oder von vallarium wie Plantières = plantarias.

Die Form Valerias – Acc. pl. eines Personennamens — ist für Ortsnamenbildung nichts seltenes. Vergl. Aube. Ausgeschlossen ist die Ableitung von Vallis nicht, aber ebenso ist mit Unrecht bezweifelt worden (Houzé), dass Valeriae oder Valerias Vallières geben könne. Vergl. Macerias = Maizières! 6 V. in Fr.

**90. Vigy.** B.: Vigiacum 691. Vidiacum 715. Cajus Vibius Pausa, Consul 43 v. Chr. Vibius I. II, 4970; III, 3370; V. 6645 und allenthalben noch ganze Colonnen voll Vibius im Index.

Der Umlaut b in g vor kurzem i entspricht durchaus den Entwicklungsgesetzen der französischen Sprache, wie oben gezeigt ist. Vergl. S. 5, Note 1.

**91. *Vitry.** B.: Vitriaco 1033. Von Victorius I. III, 5833. Ortsname Victoriacus mehrfach in Frankreich, d'Arbois 334. Wichterich, Rh.-Pr., = Victoriacum, Marjan a. a. O 14 Vitry in Frankreich.

Der Ort heisst amtlich Wallingen, weil Durival (Déscription de la Lorraine) Vitry mit Vallange identifiziert. Die beiden Namen bezeichnen ganz verschiedene Orte. Der Gemeindebann von Wallingen besteht heute noch aus den Unterabteilungen Vitry, Vallange und Bevange. Der Kataster der Gemeinde enthält allenthalben verstreut deutsche Flurnamen, wie Kesler, Stoque, Rossegarde, Nordbert, Le petit und le grand quiselle (an der Orne) und Cheffry (Schäferei). Vitry hatte sicher einst eine deutsche Namensform, die freilich noch nicht ermittelt zu sein scheint. Vallange ist ein abgegangener Ort, wie in Vitry wohl bekannt.

**92. Vry.** B.: Virei 1181. Vireium 1205. Virius I. X, 7806 und noch 50mal. Die deutschen Lothringer nennen den Ort noch jetzt Ferich oder Verich.

---

[1]) Siehe Anhang I.

Andere Ortsnamen scheinen mir weniger sicher auf Personennamen zurückzuführen. Am wahrscheinlichsten Narien (Gemeinde Ancy), das aus Ariano entstanden sein könnte. Doch ist die Endung anun hier nicht üblich.

Solgne könnte vom keltischen Personennamen Sollos kommen, etwa von Sollinium oder Sollonium. P.: Soigne, 1327.

Chesny, ein Ort am Wald, scheint ganz deutlich Casnetum; doch erwähnt Holder einen kelt. Personennamen Casnus.

Fèves heisst (B.) 1232 Favia, aber da es 1138 Fabros, 1127 (P.) Faber heisst, so scheint die Zurückführung auf Fabius, Fabine ganz unsicher, ja unwahrscheinlich, und die Ableitung von Fabri vorzuziehen.

Schliesslich sei erwähnt, dass vor d'Arbois schon Houzé die Ortsnamen sub 1, 7. 31, 33, 34, 43, 45, 53, 55, 66 auf röm. Personennamen, freilich meist auf Cogn., zurückführte, bei andern die Möglichkeit andeutete, aber doch die Ableitung von kelt. Appellativen meist vorzog.

d'Arbois will auch den Namen Metz auf Mettiis zurückführen und dieses von dem Personennamen Mettius ableiten; es dürfte ihm hierin nicht zu folgen sein. Der römische General Mettius ist wohl ebenso eine legendäre Personifikation des Namens Mettis, wie Aremus, Maurus Namen sind, mittelst deren sich das frühe Mittelalter die unverstandene Benennung porte des Arènes, pont des Morts zu erklären suchte.

Der Name dürfte vielmehr von Medio kommen, dass in Mediomatricae, wie in dem allenthalben in kelt. Landen vorkommenden Mediolanum enthalten ist und wohl Siedlung oder vielleicht Feld bedeutet. Das mittellateinische medium planum, im Sinne von planities, könnte sich vielleicht aus dem Keltischen herleiten lassen.

Von den vorerwähnten Ortsnamen sind also mit grosser Wahrscheinlichkeit etwa 92 auf einen römischen oder keltischen Personennamen zurückzuführen.

Diese Ortsnamen sind aber über Lothringen sehr ungleich verteilt: es fallen nämlich 75 auf einen gleich näher zu beschreibenden Bezirk um Metz und der Rest auf das übrige Lothringen, deutsches und französisches Sprachgebiet zusammengenommen.

Der mit unseren 75 Ortsnamen besetzte Bezirk lässt sich aber etwa so beschreiben: Man zieht einen Kreisbogen von 20 km Abstand von Metz vom rechten Moselufer nördlich von Metz über Osten und Süden, bis man wieder an die Mosel gelangt. Der nordöstliche Quadrant dieses Kreises greift schon ins deutsche Sprachgebiet ein; dennoch enthält er viele unserer Ortsnamen. Er entspricht ungefähr dem alten Metzer Bezirk = le haut chemin.

Der übrige Teil des Kreisbogens umschliesst das Seilletbal und die Höhen östlich bis zur französischen Nied, das alte Saulnois und das Land zwischen Seille und Mosel; rechnet man hierzu einen Streifen am linken Moselufer, zwischen dem Fluss und dem Plateaurand, zwischen Horimont und rupt du Mad (vergl. den alten Bezirk Val de Metz), so hat man das Terrain, auf dem diese 75 Ortsnamen vorkommen, einen Bezirk, der ziemliche Ähnlichkeit mit dem pays Messin aufweist[1]).

Da dieser Terrainabschnitt sich auch ziemlich mit dem früheren ersten Archidiakonat des Bistums Metz zu decken scheint[2]), so haben wir hier augenscheinlich einen pagus der alten Civitas Mediomatricorum, und zwar den zentralsten, auf den die alte heilige Keltenfeste Divodurum Mediomatricorum entfiel, vor uns.

Es ist bekannt, dass die alten civitates Galliens sich mit den Bistümern, die pagi mit den Archidiakonaten zu decken pflegen[3]).

## B.

Unter den patronymisch benannten Orten, die offenbar mit dem Suffix acus gebildet wurden, finden sich aber auch einige, die durchaus nicht mit den unter A besprochenen zusammengeworfen werden können; sie verdienen eine besondere Besprechung, zumal den Bedingungen ihrer Entstehung bisher noch nicht so, wie sie es verdienen, nachgegangen worden ist.

Es sind das solche, die einen germanischen Personennamen enthalten.

Diese Ortsnamen sind nicht auf eine Stufe zu stellen mit solchen Lokalbezeichnungen, in denen ein possessivisches Adjektivum, mittelst der Form acus von einem german. Personennamen gebildet, in Urkunden des Mittelalters vorkommt, ohne dass dies auf die Form der aus den Personennamen abgeleiteten Ortsnamen einen Einfluss hat.

Wenn es heisst in fine Dodonaca oder fundus Gebaleiacus, und der Ortsname ist dennoch Doncourt, Geblingen geworden, so hat man es offenbar mit einer archaistischen Leistung des Urkundenschreibers zu thun.

Anders sind die hier gemeinten Fälle gelagert.

---

[1]) Vergl. Wolfram, Beilage zur Allg. Zeitung. 1897, No. 118.

[2]) Mitteilung des Herrn Archivdirektor Dr. Wolfram.

[3]) Jahn, Gesch. der Burgunder. Blumenstock, Die Entstehung des deutschen Immobiliar-Eigentums. Innsbruck, 1897.

Es liegen um Metz, und zwar meist im Nordosten (haut chemin):

**Charly.** 1495 Chairley, offenbar Caroliacum. An Carillius ist wohl nicht zu denken. - - Charly liegen auch in den Départements Aisne, Cher, Rhône.

**Ennery.** B. 898 Hunneriaca villa. P. 775 Hunnenega fine. 1067 Eneriche. 1065 Anerey. Hier liegt der Name Hunnerich allem Anschein nach zu Grunde (das Schwinden des H fällt auf), schwerlich ein kelloromanischer Personenname.

**Jury.** 1376 Gerei, B. 1179 Girei, P. Gar, Gero — Förstemann, Personennamen, 472. Vergl. Gersheim, Gersweiler. Jury, Département Aisne.

**Marly.** 745 Miriliacum, 952 Marleium, B. Marold, Marbod sind germanische Personennamen, von denen eine Koseform Maro, Marilo wohl herzuleiten ist. Vergl. Marienheim, Marienreutb, Marlach, Mehring, Murbach, Marl. In Frankreich bei Marly regelmässig die alte Form Marliacum.

**Sey.** 745 Sigeium. Sigo - - wohl Koseform, die eine grosse Anzahl Personennamen bedeuten kann: Siegfried, Siegbert etc. Aber auch die (nicht hypochoristische) Form Sigo, Sikko kommt vor. Förstemann, S. 1086.

**Vany.** 1300 Varney — deutet auf Varno. Warm, Förstemann, Personennamen, S. 1264. Warinbert, Varinfried, Warincheri (Werner) u. a. Vergl. Warnsdorf, Warnhofen, Warnbach. Auch Warsberg i. Lothr. 1204 = Warnesperch; wegen V statt W vgl. Vannecourt, Warnugo 777, Warnecuria 1293 L.

**Woippy.** 1123 Guapeium. Wappo. Wappersdorf 3 mal in Bayern. Wappenschwil in der Schweiz = Waldoprechtes wilare.

Eine gleiche Bewandnis muss es mit Frémery (Fremerey anno 1505) haben, das von Freimar abzuleiten ist, wie Freimersheim und Frimaricort, aber mittels des Suffixes acus; wohl auch mit Berlize -- Berilo. B. Burlixe 1442, Berolitia für Beroliacum wäre nicht ohne Vorgang. H. S. 14. Cubriacum = Cublize.

Sehen wir hier germanische Personennamen mit dem selben Suffix behaftet wie oben die kelloromanischen Namen[1]), so kann auch Borny, 960 Burnen, 1182 Burnacha sowohl von Bornacus wie von Burnacus herrühren, also ebensogut vom germanischen Borno (vergl. sieben Bornheim) als vom kelt. Burnus. (Bornago in Ober-Italien, F.)

Es entsteht die Frage, ob diese Ortsnamen aus der römischen oder fränkischen Zeit stammen. Dieselbe beantwortet sich trotz des germanischen Personennamens schwerlich im Sinne der zweiten Alternative. Denn nicht nur als Lueti, auch als freie Grundeigenthümer scheinen Germanen schon in römischer Zeit in Gallien zugelassen worden zu

---

[1]) Es ist noch zu bemerken, dass diese Ortsnamen nie dicht beisammen liegen, sondern zwischen die Ortsnamen kelloromanischen Ursprungs schachbrettförmig eingestreut erscheinen.

sein. Dazu kommt folgende Wahrnehmung: Es giebt Ortsnamen dieser hybriden Bildung auch im deutschen Sprachgebiete, wo sich in der deutschen Form die Endung acus noch jetzt erkennbar erhalten hat. So finden wir Soetrich, 977 Sinteriacum, das wohl von Sinthar, (Förstemann, Personennamen, 1106) als Sinthariacum abgeleitet sein muss. Sollte diese romanische Form sich in dem von Franken weithin besetzten Gebiete haben bilden können, ohne eine germanische Nebenform — sodass ein Name auf ich daraus wurde, wie Metternich u. a. in der Rheinprovinz? Dieser Fall ist nicht einmal vereinzelt.

Wallerchen bei Busendorf hiess anno 1179 Valdraca, also doch wohl Waltheriacum! So auch 1319 Waldrik — aber auch Waldringa (vergl. Ricciacum = Ritzingen), das dann wieder in romanischer Form als Vaudreching erscheint, wie Tremerchen 1510 als Tremerchin. Um die beregte Frage zu prüfen, müsste die Verbreitung solcher Ortsnamen näher ermittelt werden. Sie fehlen in Frankreich durchaus nicht. So heisst Oeuilly (Aisne) 1133 Williacum; Wary, ebenda, 1101 Waldriacus; Bouffignereux im IX. Jahrh. Wulfiniaci rivus.

Schon d'Arbois, S. XVII, erwähnt eine Villa Daccingnuca = Dacconiaco von Dacco, Koseform für Dagarius oder Dagobert oder einen ähnlich beginnenden Personennamen; Childriciagas und Teodeberciaco; es ist aber nicht festgestellt, wie diese Orte, wenn sie noch existieren, jetzt heissen, ob bei ihnen der endgültige Ortsname von acus herrührt, oder ob, wie bei dem Orte Donconrt, trotz jener Adjectivform, die übliche Form fränkischer Herrensiedlungen durchgedrungen ist.

Klar ist jedenfalls soviel, dass diese Namen auf y (hierzu auch Vremy — Virmiez wohl vom selben Personennamen wie Wirmingen —) mit den Orten auf ville, court etc. durchaus nicht in eine Linie gestellt werden können.

### C. Naturnamen.

Zu diesen Ortsnamen kommen als solche, die wohl schon vor der germanischen Ansiedelung bestanden, folgende descriptiver Natur für die oben umschriebene nähere Umgegend von Metz in Betracht. Sie sind fast alle bereits erklärt:

1. **Ars.** 889 Villa Arcus — wohl von den Bogen der Wasserleitung. 892 Villa Arcs.

2. **Blory.** 1261 Bloru, schwerlich Blanc rupt, wie Libeleisen meint; eher Gelbfluss von blávos, urkeltisch gleich gelb. — Vergl. Zeitschrift für romanische Philologie, XVIII., S. 433.

3. **Colombey.** 1336 Colombiers = Columbarium.

4. Corny. 1336 Cornetum.

5. Féy. 893 Fagit = Fagetum (Béfey = Bellum fagetum).

6. Maizeroy. 1312 Maixeroit, und

7. Maizery. 1252 Maiseri, beide gleich Maceretum von Maceriae, Einfriedigung, wovon auch

8. Maizières. 1218 Masières.

9. Malroy. 1128 Mallarey von Malaretum.

10. Montoy. Montoy = Monletum.

11. Norroy. 960 Nogaredum = Nucaretum.

12. Novéant. Noviandum, keltisch: Neuburg.

13. Orny. 1178 Ornei von Ulmetum.

14. Pommerieux. Pommariolae.

15. Pontoy. 1128 Pontois, Ponletum, das ist das Brückchen an der Römerstrasse nach Duodecim.

16. Pournoy. 1331 Prenoit, XIV. Jahrh. Prunici; 1429 Prenoy = Prunetum.

17. Sorbey. 1178 Sorbeiacum i. e. Sorbetum.

18. Verny. 1320 Wergney — von Gwern, kelt. Erle.

19. Vaux. Vallis.

20. Vigneulles. Vineolae.

Hierzu dürfte auch zu rechnen sein:

21. Queuleu. 985 Cuclido, also Cuculetum: aber von welcher der dreifachen Bedeutung des Wortes cuculus — Vogel, Strauch oder Gewand? Doch wohl von Cuculus = Nachtschatten.

Von diesen Ortsnamen ist, soweit sie keltische Wurzeln enthalten, klar, dass sie aus der vorgermanischen, überhaupt aus sehr alter Zeit stammen, — andere, die von Umfassungsmauern (maceriae) herzuleiten, mögen wohl Verwüstungen aus der Zeit der Barbareneinfälle ihren Namen verdanken und werden, als Lokal-Benennungen, nicht viel jünger sein. Die Form etum möchte ich gleichfalls in der Regel auf die römische Zeit zurückführen.

Manche solche Ortsnamen, wie Villare, scheinen vorhanden gewesen und, je nachdem frühzeitig ein Germane den Ort gewann, auch seinen Namen aufgenommen zu haben, z. B. Retonféy = Reitonis fagetum (vergl. Reitenbuch in Franken).

Die Namen auf aticum gehören wohl eher dem Mittelalter an, so auch die auf ariae; obwohl auch solche Namen schon auf der Peutingerschen Tafel erscheinen, z. B. Longaticum, Tabellaria. Wo aber aticum ein Gefälle bedeutet: Vasaticum = Voisage, ist ein Zweifel über mittelalterlichen Ursprung wohl nicht möglich.

Von den von Übeleisen besprochenen Ortsnamen dieses Bereiches dürften ausserdem noch Belle tauche = bellum stagnum: Bérupt = bellus rivus: Gorze = gurges (?); Hauterive = alta ripa: Plesnois = planetum oder platanetum oder statt prunetum: Prayel = pratellum: Rozerieulles = rosariola: Sommy = sommetum: Monts und Vigny, wenn es von vinetum kommt, möglicherweise schon vor der germanischen Besitznahme entstanden sein. Auch die Ortsnamen Villers ohne germ. Personennamen davor können hierher gezählt werden [1]).

## III.

Welches ist nun das Alter der Ortsnamen der Gruppe *A* ? Sie können in ihrer vorliegenden Form erst nach der römischen Eroberung entstanden sein.

Ihnen allen liegen ja römische Geschlechtsnamen oder latinisierte keltische Namen zu Grunde.

Die Ansicht d'Arbois', dass die so benannten Landgüter schon vor den Römern im Besitze der keltischen Aristokratie waren, aber ihre Benennung erst der Einführung des Grundeigentums durch das römische Recht und der römischen Katastrierung verdanken, hat etwas Überzeugendes, seine Zweifel an dem Bestehen eines Individualeigentums in Gallien an Grund und Boden in vorrömischer Zeit erscheinen begründet ; wegen des Näheren sei auf die mehr citierte Arbeit d'Arbois' verwiesen.

Unsere Ortsnamen müssen aber auch für älter als die germanische Besitznahme Galliens angesehen werden.

Auch wenn die Bildung von Ortsnamen dieser Form in der nächsten Zeit nach dem Einbrechen der Franken aus sprachlichen Gründen nicht ausgeschlossen wäre, die von den fränkischen Kriegern in Besitz genommenen Ländereien erhielten Benennungen, die einen ganz andern Typus aufweisen [2]).

Soweit die gallisch-römische Aristokratie aber im Besitz ihres Grund und Bodens blieb, hatte sie doch gewiss keinen Anlass, ihre Besitztümer umzutaufen. Nicht nur wird jede Familie stolz gewesen

---

[1]) Siehe Anhang II.
[2]) Vgl. meine Abhandlung ›Fränkische und alemannische Siedlungen in Gallien‹, bes. 5. Kapitel.

sein, den Namen ihrer Vorfahren in der Benennung ihrer ererbten Ländereien fortleben zu sehen; die nationale Vorliebe für Römisches, die sehr entschieden sich äusserte — man vergleiche nur z. B. wie gering-schätzig Sidonius Apollinaris sich über die »septipedes patroni« äusserte — musste auch einen romanischen »Königsgenossen« Antrustionen, deren es ja gab, wie aus der lex Salica in ihrer Bestimmung über das Wehr-geld eines solchen erhellt, veranlassen, Ländereien, die ihm der König etwa verliehen haben sollte (in der Regel werden aber doch Franken solche erhalten haben), ihre altehrwürdigen Namen zu belassen.

Was die Ortsnamen der Gruppe *C* anlangt, so ist im allgemeinen dieselbe Annahme prägermanischer Bildung begründet, wie schon oben erörtert worden ist.

Betrachten wir nun die Gruppierung aller der besprochenen lothringischen Ortsnamen.

Ein Blick auf die Karte ergiebt, dass die meisten dieser Orts-namen sich in der näheren Umgebung von Metz befinden, im untern Seillethal und auf den Höhen zwischen Mosel und Nied sich geradezu häufen, während die Ortsnamen im Norden und Nord-Osten germanisch sind, im übrigen aber ringsumher wenigstens in sofern ein germanisches Gepräge tragen, dass ihr erster Teil einen germanischen Personennamen enthält, dem ein ville, court, villers und ähnliches angehängt ist[1].

Um Metz kommen Orte dieser Kategorie nur äusserst wenig vor, im Seillethal auf ziemlich weiten Strecken gar keine.

Auch die Ortsbezeichnung Villers kommt hier, charakteristisch genug, ohne vorstehenden Personennamen vor. Villers-Plesnois, Villers-l'Orme, Villers-Laquenexy, Villers-Bettnach; wie auch von den vier Féy das eine ganz ohne Zusatz, das andere als Béfey, das dritte als Bonfey und nur eines als Retonféy erscheint[2].

Innerhalb dieser Grenzen finden wir neben Ortsnamen vorger-manischen Gepräges nur die nachstehenden Ortsnamen vom Typus der Herrensiedlungen der Franken im romanischen Sprachgebiete: Flanville, Grimmont, Landremont, Libauville (abg. Ort), Loiville, Noisse-ville (Noassivilla), Plappeville (Plaplivilla 1130), Rétonfey (Reitonis fagetum), Sécourt, Semécourt (875 Semaricort), Tignomont, Vaudreville. Endlich Hauconcourt (1128 Harloncourt), das schon jenseits der Grenze des einstigen deutschen Sprachgebiets zur Zeit seiner grössten Aus-dehnung liegt. Von germanischer Sippensiedlung ist, da Godinga villa von Bouteiller wohl irrig als Goin bestimmt ist, nur der Name Amelange

---

[1] Vgl. Wolfram, Jahrbuch für lothr. Gesch., Jahrgang 1893. S. 231.
[2] Siehe Anhang.

zu erwähnen, dem Paulus hohes Alter abspricht, und la Fristote, abgeg. Ort, Fristoz 1444, Freistorff 1490, B. südlich von Metz bei Augny(?), der wohl auf die Abtei Freisdorf hinweist.

Dieser Umstand tritt in sein rechtes Licht, wenn wir erfuhren, dass im Süden und Westen des Metzer Landes das Verhältnis der fränkischen Herrensiedlungen (ville etc.) zu den mit acus gebildeten Ortsnamen ein völlig umgekehrtes ist (siehe Seite 79).

## IV.

Es liegt auf der Hand, dass die heute noch so zahlreichen Ortsnamen, gebildet mit der Endung acus oder iacus im Anschluss an einen Personennamen, früher im französischen Sprachgebiet noch häufiger gewesen sein müssen.

Nicht nur die Ortsnamen, die bereits ein christliches Gepräge tragen, sondern mehr noch die so zahlreichen und zum Teil in den besten Lagen sich vorfindenden Ortsnamen jenes halb germanischen, halb romanischen Gepräges, die wir als fränkische Herrensiedlungen auf gallischem Boden erkannt haben, müssen eine grosse Anzahl ähnlich gebildeter älterer Ortsnamen verdrängt haben.

Wir dürfen uns wohl ohne Übertreibung den grössten Teil des alten Galliens mit einem Netze solcher Ortsnamen bedeckt denken.

Hier um Metz hat sich (wie übrigens auch anderwärts, z. B. in der Gegend von Angoulême) eine Scholle Landes in ihrer uralten Benennung durch besondere Umstände intakt erhalten.

Es mag bemerkt werden, dass auf diese Anhäufung vorgermanischer Ortsnamen in hiesiger Gegend schon mehrfach, namentlich von Döring und Witte, hingewiesen worden ist.

Es könnte nun die Annahme nahe liegen, dass in dieser Zuweisung fast des ganzen anbaufähigen Landes an eine nicht sehr grosse Anzahl von Personen — die damit doch wohl ebenso als Herren dieser Gutskomplexe bezeichnet wurden, wie die germanischen Gründer jener halbgermanischen Namen aus fränkischer Zeit — die römische Eroberung Galliens zum Ausdruck gebracht worden sei.

Allein von einer Hingabe des gallischen Bodens an die römische Aristokratie ist uns nichts bekannt; eine Depossedierung der unterworfenen gallischen Völker ist auch gar nicht anzunehmen.

Caesar hatte alle Ursache, die Gallier vielmehr zu schonen, und aus dieser schonenden Behandlung erklärt sich die rasche Unterwerfung nicht nur, sondern auch Assimilierung Galliens, die bei einem so grossen volkreichen Lande mit kriegerischen tapferen Einwohnern so überraschend erscheint, dass schon die alten Schriftsteller darüber ihr Erstaunen aussprachen. Man vergleiche die treffenden Bemerkungen Strabos, Lib. IV, Kap. IV, 2.

Caesar hatte die Gallier rasch durch verhältnismässige Milde zu gewinnen gesucht, er, der mit so furchtbarem Lakonismus von den germanischen Völkern der Usipeter und Tenctrer meldet, wie er diese 430000 Köpfe zählenden Stämme vernichtet habe.

Auch Veteranenkolonien wurden später nur in beschränktem Masse errichtet — mit den kleinen Landkomplexen, die diese Krieger zugemessen erhielten, haben die hier behandelten Güter, die oft von der Grösse eines heutigen Gemeindebannes waren, ohnehin nichts zu thun. Spuren einer Centuriateinteilung, wie stellenweise in Ober-Italien, kommen in Gallien kaum vor. Damit soll natürlich das Ansässigwerden italischer Familien in Gallien nicht bestritten werden, aber im grossen Ganzen scheint keine Enteignung des Besitzes stattgefunden zu haben.

Eine noch jüngere Ansiedlungsschicht in Gallien, die von Läten, meist germanischer Abkunft, hat mit der Bildung fraglicher Ortsnamen auch gewiss nichts zu thun. Wie diese Kolonien benannt wurden, ist wohl kaum festzustellen; Ortsnamen, welche auf diese Lätensiedlungen hinweisen, sind bisher noch nicht ermittelt und dürften es auch nicht leicht werden, denn es liegt nichts näher als die Annahme, dass diese Kolonen, denn das waren die Laeti, von den Franken nicht viel anders als die gallischen Kolonen behandelt wurden, und gerade sie dürften vor allen Andern fränkischen Grundherren zugewiesen worden sein, ihre Sitze also unter den Herrensiedlungen zu suchen sein, von denen ich in meiner erwähnten Schrift, S. 43 ff., gehandelt habe.

Die römischen Namen stehen dieser Ansicht über das Alter der so benannten Siedlungen nicht entgegen; die frühe Annahme solcher seitens der Gallier ist hinreichend erwiesen; schon im Jahre 70 nach Christus heisst der Führer einer gallischen Empörung Julius Tutor: übrigens sind doch sehr viele der unsern Ortsnamen der Klasse A zu Grunde liegenden Personennamen keltischer Abstammung oder von Cognomen hergeleitet, die sich jeder zulegen konnte.

Hettner hat in der Westdeutschen Zeitschrift, 1883, S. 7 ff., nachgewiesen, wie die verschiedensten Eigenschaften und Dinge zu Cognomen verwendet und besonders in Belgica daraus in ganz eigentümlicher Weise gentilicische Formen gebildet wurden [1].

---

[1] Vgl. auch die jüngst erschienene Abhandlung von Kenne: Die Romanisierung Lothringens.» Metz 1897. S. 19 u. ff.

Wir dürfen also wohl annehmen, wie dies auch d'Arbois de Jubainville gethan hat, dass diese Landgüter zumeist in den Händen der
vorrömischen Besitzer blieben. Er nimmt aber an, dass diese Besitzer sich
öfters römische Geschlechtsnamen zuzulegen pflegten [1]. Die Verteilung
dieser Komplexe ist so, dass dieselben ja wohl früher zahlreicher gewesen sein mögen, also kleiner als die Bezirke der jetzigen Bänne der
fraglichen Ortschaften, indem eine wohl nicht allzugrosse Zahl ähn-
licher Ortsnamen verschwunden sein mögen, aber doch auch so, dass
Bezirke mit zahlreichen kleineren Besitzern — viei — dazwischen
kaum in nennenswerter Anzahl verschwunden sein können. Dass es
in Gallien kleinen Grundbesitz gab [2], soll natürlich nicht bestritten werden.

Mit den sogenannten Latifundien — die, wie die fisci der mittelalterlichen Urkunden aus ganzen Reihen solcher Güter, oft in verschiedenen Teilen des Landes, zusammengesetzt waren, — sind diese
»fundi« ohnehin nicht zu verwechseln.

Ist das Gesagte aber richtig, so müssen wir, da die Benennung
das Gebiet eines jeden dieser Grundkomplexe jeweils einem Einzigen
als Besitzer zuzuweisen scheint, uns bereits das vorrömische Gallien,
namentlich auch unsere Gegend, als unter einer Aristokratie von Grundherren in einem Masse aufgeteilt denken, die für das übrige Volk nur
verhältnismässig wenig übrig gelassen hat.

Dass die gallischen civitates aber in der That eine streng aristokratische Verfassung hatten, geht aus Caesar de B. G. mit aller
wünschenswerten Deutlichkeit hervor [3].

---

[1] Über die Annahme römischer Namen je nach Verleihung der Latinität
oder des römischen Bürgerrechts vgl. Jung, Römer und Romanen in den Donau-
ländern, Innsbruck 1887, S. 93, Note 1.

[2] Blumenstock a. a. O., S. 147. Dass übrigens die »possessores«, von denen
gelegentlich im Codex Theod. und anderwärts Erwähnung geschieht, nicht kleine
Grundbesitzer in heutigen Sinne waren, erhellt doch wohl schon aus dem, was
wir von der Landteilung der Burgunder in Sabaudia wissen. Ein Grundkomplex,
von dem ein Drittel für eine burgundische Familie samt Gesinde ausreichte, kann
nicht weniger gewesen sein, als ein fundus von ziemlicher Ausdehnung, dessen
Bewirtschaftung in der besten Zeit schon eine ziemliche Anzahl Knechte, oder
auch Colonen beschäftigte.

[3] Caes. B. G. VI, 13. 15. In omni Gallia eorum hominum, qui aliquo sunt
numero atque honore, genera sunt duo, nam plebs paene servorum habetur loco,
quae per se nihil audet et nulli adhibetur consilio . . . Sed de his duobus generibus
alterum est Druidum, alterum equitum . . . Hi . . omnes in bello versantur atque
eorum, ut quisque est genere copiisque amplissimus, ita plurimos circum se
ambactos clientesque habent.

Diese Zustände änderten sich unter der römischen Herrschaft keineswegs.

Das römische Rechtsinstitut des Kolonats und der Leibeigenschaft vertrug sich ganz wohl mit den bestehenden thatsächlichen Zuständen und so dürfen, ja müssen wir uns das römische wie das vorrömische Gallien von einem ziemlich dichten Netze von Domänendistrikten bedeckt denken, von Domänen, die in den Händen einer eingeborenen, zum Teil auch römischen Aristokratie, die erstere hervorgegangen aus einer Kriegerkaste und zum Teil wohl auch aus den Druiden, die letztere aus Beamten, Befehlshabern etc., sich befanden.

Dieser Adel ergänzte sich dabei fortwährend aus den Familien solcher Männer, die in den Rat (senatus) der einzelnen civitates gelangt waren, welche die höheren Ämter, sowohl die priesterlichen wie die der inneren Verwaltung, unter sich verteilten.

Diese Ämter scheinen aber früh schon in den betreffenden Familien erblich geworden zu sein, sodass in späterer Zeit die edlen Familien auch ›senatorische‹ hiessen. Dass diese ihre Güter teils durch Leibeigene, teils durch Kolonen bebauen liessen, ist bekannt.

So blieb das Los des Volkes im wesentlichen das gleiche bis zum Untergang des römischen Reichs. Wie es sich in der letzten Zeit gestaltet hatte, geht deutlich hervor aus einer lebendigen Schilderung bei Salvianus, de gubernatione Dei [1]).

Dass übrigens in einigen Teilen Galliens schon vom III. Jahrhundert ab auf dem platten Lande freie Besitzer nicht mehr zu linden waren, wie Digot (Hist. de Lorraine) behauptet, dafür bringt neue Ar-

---

[1]) Salv. a. a. O. V.

21. Inter haec vastantur pauperes, viduae gemunt, orfani proculcantur, in tantum ut multi eorum ad hostes fugiant, ne persecutionis publicae adflictione moriantur, quaerentes scilicet apud barbaros Romanam humanitatem, quia apud Romanos barbaram inhumanitatem ferre non possunt.

38. Et quidem mirari possim, quod hoc non omnes omnino facerent tributarii pauperes et egestuosi, nisi quod una tantum causa est, qua non faciunt, quia transferre habitatiunculas non possunt. (Es ist vorher vom Auswandern zu den Barbaren die Rede.)

Nam cum plerique eorum agellos ac tabernacula sua deserant, ut vim exactionis evadant, quomodo non quae compelluntur deserere vellent, sed secum, si possibilitas pateretur auferreut? . . . Tradunt se ad tuendum protegendumque maioribus, dediticios se divitum faciunt et quasi in ius eorum, dicionemque transcendunt. . . . . . . .

39. Omnes enim hi, qui defendi videntur, defensoribus suis omnem fere substantiam suam priusquam defendantur addicunt, ac sic, ut patres habeant defensionem. perdunt filii hereditatem'

gumente Meitzen in »Siedlungen und Agrarwesen der Ost- und West-Germanen«, Berlin 1895, I. S. 37, 371.

So hart ist das Los des Volkes unter dieser Aristokratie, dass jene, die unter den Barbaren wohnen, sich glücklich preisen.

Betrachten wir die Zustände Galliens, wie sie sich einige Generationen nach dem Untergang des römischen Reichs und der Ausbreitung der Franken über das ganze Land entwickelt haben, so sind wir betroffen, wieder fast ganz die alten Zustände zu finden.

Die Kirche und die Kriegerkaste besitzen das Land, die kleinen Leute müssen nach und nach unter den Schutz Mächtigerer sich flüchten, ganz wie z. Z. Caesars und Salvians, sodass schliesslich sogar die eingewanderten fränkischen Freibauern zu der Stellung der eingeborenen Kolonen hinuntersinken; ihre Beschützer, bald ihre Herren, dienen wieder um die Gunst und den Schutz Grösserer, ja sogar das alte Wort ambactus lebt fort und aus der ambactia wird schliesslich unser »Amt« und das französische »ambassadeur« geht auf dieselbe Wurzel zurück.

Man könnte bei der Betrachtung der Zustände im Karolingerreiche, die mehr und mehr sogar auf die deutschen Länder des rechten Rheinufers sich ausdehnten, meinen, Caesar hätte jene Zustände schildern wollen, und es ist schwer, in den Verhältnissen der Feudalzeit nicht zum Teil das Fortleben oder Neuaufleben uralter gallischer Zustände zu erblicken, wie manche Rechtshistoriker dies ja schon ausgesprochen haben.

Hieran knüpft sich, ohne dass es einer Stellungnahme zu dieser immerhin noch bestrittenen Frage bedarf, ein anderer Ideengang.

Das Feudalwesen ist, wie viel oder wenig in ihm an alten keltischen Überlieferungen fortleben mochte, hervorgegangen aus den Zuständen, die die Eroberung Galliens durch die Germanen, namentlich durch die Franken geschaffen hatte. Dies war nun aber ja einer der letzten, wenn man die Normannen hinzunimmt, der vorletzte einer durch eine unbekannte Anzahl von Jahrhunderten hindurch sich immer wieder erneuernder Einfälle von Völkern arischen Stammes von jenseits des Rheins. Es scheint, dass sie oft genug dieselben Wege wie die Franken genommen haben, das ist an dem unwirtlichen Ardenner Gebirge nördlich und südlich vorbei[1]).

---

[1]) Von den unterworfenen Rassen, die wegen ihrer grösseren Zahl und aus anderen Gründen den Typus der arischen Eroberer immer wieder rasch aufsogen, insbesondere von den zwei wichtigen Rassen der Crogmagnon und der sogenannten Turanier (Rundköpfe) hier zu reden, würde zu weit führen.

Alle Belgier aber, und Belgier waren die Mediomatriker, erscheinen gegenüber den eigentlichen Galliern als jüngere Ankömmlinge.

Es ist daher wohl nicht zu kühn, das Vorherrschen der Kriegerkaste und deren grossen Landbesitz bei den Galliern und besonders auch bei den Mediomatrikern mit der Thatsache der Eroberungen und der Unterwerfung älterer Einwohner unter Neuangekommene in eine ursächliche Beziehung zu bringen[1]).

Ich denke mir also, dass der Kern der Kolonen und Knechte, welche diese grossen Güter bebauten, nichts anderes darstellt, als die unterworfenen alten Bewohner des Landes, die der siegreiche Kelte sich dienstbar machte. Dass diese Unterworfenen eine ganz andere Rasse waren, als die arischen Sieger, hat Roget de Belloguet in seiner Ethnogénie gauloise, Bd. II, in ausgezeichneter Beweisführung dargethan, wobei er die Litteratur der Römer und Griechen ausgiebig verwertet hat, ebenso, dass der arische Typus in Gallien immer wieder von dem Typus der alten Einwohner mehr oder minder aufgesogen wurde.

Merkwürdig genug, um kurz besprochen zu werden, scheint mir hierbei ein anderer Parallelismus.

Die aristokratische Verfassung Galliens hat augenscheinlich einen erheblichen Einfluss auf ihr rasches Unterliegen vor den römischen Waffen gehabt.

Der Schwerpunkt der gallischen Streitmacht lag bei den meisten Völkerschaften in ihrer Kavallerie, eben den equites. Dies allein ergab schon, dass grosse Ländereien den Rittern zufallen mussten — als Weideland für ihre Pferde u. s. w.

Eine solche Reiterei ist nun ja wohl eine furchtbare Heeresmacht (siehe Magyaren, Sarazenen), aber sie versagt gegen eine entschlossene Infanterie, wenn diese discipliniert, gut bewaffnet und gut geführt ist — dies erhellt deutlich aus dem misslungenen Angriff des Vercingetorix auf Caesar. B.: Gall. VII, 67. Dieselbe Stelle lässt aber auch den Wert des gallischen Fussvolkes in keinem besonders günstigen Lichte erscheinen: es tritt gar nicht handelnd hervor, 80000 Mann Infanterie gehen ohne Kampf nach Alesia.

Man kann nicht sagen, dass dies nur der Überlegenheit der römischen Kriegskunst zuzuschreiben sei. Nie waren die Legionen Caesars vielleicht näher daran, geschlagen zu werden, als in der Schlacht gegen die Nervier und ihre Bundesgenossen. Und hier muss

---

[1]) Auch das Vorwalten grosser Grundherrschaften, benannt nach Personennamen mit dem Suffix ow in Russland bringt Meitzen in Beziehung mit einem vorhergehenden Eroberungsakt. II, S. 266.

doch dem feindlichen Fussvolk ein mächtiger Anteil am Kampfe beigemessen werden. B. G. II. 23.

Lässt dies nicht den Schluss zu, dass die Masse des niederen Volkes bei den meisten Völkerschaften Galliens von geringer Begeisterung beseelt war? Auch der Verzicht auf eine levée en masse dürfte dahin ausgelegt werden. B. G., VII. 75.

Auch Strabo rühmt die kriegerische Tüchtigkeit der Gallier, aber besonders die der Reiterei [1], weniger die des Fussvolkes. L. II, C. IV, 2. Und was wäre natürlicher, als dass bei dem geknechteten niedrigen Volke nicht derselbe Geist herrschte, wie unter dem Adel?

Finden wir nun diese Nachteile der einseitig bevorzugten Reiterei und damit eine Herabminderung der Wehrkraft nicht genau so im fränkischen Reich? Ist es nicht auffallend, wie gering bereits dessen militärische Widerstandskraft im IX. und X. Jahrhundert gegenüber den Normannen-Einfällen hervortritt? So scheint es, dass das Ausbreiten einer Nation von Eroberern auf Kosten einer unterworfenen Rasse mit der Zeit zu einer Einbusse von Freiheit für die minder begüterten Angehörigen des erobernden Volkes selbst führt und damit schliesslich mit einer Herabsetzung der Widerstandskraft des ganzen Volkes verbunden zu sein pflegt. Die Germanen, die Gallien und so viele andere römische Provinzen unterwarfen, waren ein freies Bauernvolk; sie sind es aber nicht immer geblieben und sie haben es zum Teil schwer büssen müssen: wie rasch erlagen doch z. B. die Sachsen in England dem Einfall der thatkräftigen Normannen.

## V.

Ein Blick auf eine Karte zeigt uns, dass wir in der Umgebung von Metz, was die Natur der Ortsnamen anlangt, ein Stück alten Galliens vor uns sehen, eine mässige inselartige Scholle, umflutet von einer Menge von Ortsnamen wesentlich andern Klanges und, besonders auffallend, anderer Endung. Diese sind, wie eine nähere Prüfung ergiebt, wesentlich neuerer Bildung. Ebenso fällt aber auch auf, dass diese letztgenannten Ortsnamen unter sich wieder in zwei Gruppen

---

[1] Ihre zuverlässigsten Elemente aus den Unfreien kämpften wahrscheinlich mit den Rittern zu Pferde.

Ich möchte das schliessen aus der Einrichtung der Trimarchsia, wie sie von den Galatern bekundet wird, wo immer ein Ritter zwischen 2 Knappen focht; daher (tri = drei, Mark = Pferd) die Bezeichnung.

Diese Knappen waren natürlich wie Kampf-, so Zeltgenossen ihrer Herren, woraus die verdorbenen Griechen gegen die Kelten Beschuldigungen herleiteten, die ich nicht, wie Contzen, acceptieren, sondern mit Rogel verwerfen möchte.

zerfallen, in eine augenscheinlich germanische und in eine zweite, die aus französischen Ortsnamen besteht.

Betrachten wir uns zunächst die Zusammensetzung und die Verteilung der ersterwähnten Gruppe.

Die Ortsnamen auf ingen, über deren Sinn als patronymische Bezeichnung ernste Zweifel wohl nicht mehr bestehen und deren Bedeutung als die Spuren freier germanischer Volkssiedlungen, nach Stamm-, Gau- und Sippen-Einteilung ich in meiner Arbeit »Siedlungen etc.« ausführlich erörtert habe, ziehen sich von Lommeringen über Rosslingen, Bevingen, Wallingen, Kluingen, Russingen, Mondelingen, Hugendingen, Talingen, Hessingen, Niedingen, Ebingen, Wieblingen, Morlingen, Rollingen in einem grossen Bogen im Norden und Nordosten um das Gebiet von Metz herum und fallen höchst bezeichnender Weise ziemlich mit der bisher ermittelten Grenze des deutschen Sprachgebietes zur Zeit seiner grössten Ausdehnung zusammen.

Wenn letzteres an einigen Stellen nachweislich über diese Linie bisweilen nicht ganz unbeträchtlich hinaus sich erstreckt, so kann dies ganz wohl aus dem Umstande erklärt werden, dass die deutsche Sprache eine geraume Zeit lang die Neigung hatte, um sich zu greifen, nicht, wie in Lothringen schon vor mehreren Jahrhunderten, sich zurückzuziehen.

Heutzutage ist diese rückgängige Bewegung gegenüber nicht nur den romanischen Sprachen, sondern an fast allen Grenzen des deutschen Sprachgebietes zu bemerken; schon längst ein Augenmerk und eine Sorge für alle vaterländisch gesinnten Deutschen.

Diese ingen-Linie betrachte ich als die Grenze, bis zu der in einem zu ermittelnden Zeitpunkt eine germanische Massenansiedlung stattgefunden hat, und zwar, wie ich am mehrfach erwähnten Orte ausgeführt habe, eine solche von ripuarischen Franken, wenn diese auch im Süden des heutigen Deutschlothringens dabei auf Alemannen gestossen sein dürften, die, später mit fränkischen Siedlern vermischt, in den Flurnamen wie im Dialekt der Bevölkerung ihre Spuren bis in die Gegend von Rollingen und Silbernachen zurückgelassen zu haben scheinen.

Über meine Vermutung, dass und wie diese Ansiedlung um die Mitte des 5. Jahrhunderts zu Stande gekommen sein dürfte, verweise ich auf meine erwähnte Arbeit [1]).

---

[1]) Siedlungen. S 27 ff.

Sehr beachtenswert scheint dabei der Umstand, dass diese germanischen Siedlungen, welche so weit nach Westen übergreifen [1]), gerade die Strasse von Metz nach Süden — Delme, Dieuze — einerseits und nach Westen — Reims — andererseits freilassen.

Dieses Freilassen der rückwärtigen Verbindungen weist, wie ich schon in meinen »Siedlungen« andeutete, darauf hin, dass diese germanische Ansiedlung vor dem Untergang der römischen Herrschaft in Gallien stattfand, da nur damals die Verbindung durch das Einschieben germanischer Siedlungen bedroht oder gestört erscheinen konnte, nicht aber im Reiche des Chlodwig und seiner Nachfolger.

Wenn Wolfram [2]) darauf hinweist, dass die Linie Metz—Decempagi befestigt und besetzt gewesen sein möge, so pflichte ich dem gerne bei; dass dieser Abschnitt durch Natur und Kunst aber so fest war, dass er einem gewaltsamen Angriffe der Alemannen Widerstand leisten konnte, möchte bezweifelt werden. Dagegen muss unbedingt zugegeben werden, dass eine so bewehrte Front wohl geeignet war, die Ansiedlungen der Eindringlinge in verödetem Lande in einer gewissen Entfernung zu halten. Dass auf einigen Abstand östlich der Linie Metz—Marsal im Laufe des V. Jahrhunderts sich Alemannen wirklich niederliessen, scheint sehr wahrscheinlich.

Dass aber diese Alemannen-Siedlungen sich als verhältnismässig schmaler Streifen zwischen den festen Plätzen Trier und Metz hindurch nach Norden tief ins heutige Luxemburg hinein erstreckten, scheint mir eine unnatürliche Annahme; auch scheinen die alemannisch zu deutenden Flurnamen auf matt (ma), bühl (bille) nirgends über die alte Grenze Luxemburgs, welche mit jener Rosslingen—Hessingen ziemlich zusammenfällt, hinauszugehen.

Die Rheinfranken dürften diese Alemannen noch vor Chlodwig aus dem südlichen Lothringen verdrängt haben; von ihrem Vordringen ins römische Gebiet rührt aber jedenfalls die Abgrenzung der Sprache auf der Linie Maiweiler — Wieblingen — Lommeringen—Longwy her. Die Alemannen blieben aber auch weiter südlich wohl nur zum Teil als Unterworfene zurück und die Natur der Sache führt dazu, die Siedlungsnamen auch im südlichen Lothringen dem siegreichen Volke zuzuschreiben, dessen Sippen sich dort niederliessen.

Dass es eine Volkssiedlung war, die sich hier auf dem südlothringischen Plateau seitens der Ripuarier vollzog, beweisen meines Er-

---

[1]) Noch bei Montois-la-Montagne ist ein Mancheberg· = Mannsberg.
[2]) Jahrbuch für lothr. Gesch. V[?], S. 235.

achtens die Ortsnamen [1]) (auf ingen); auch könnte man auf den deutschen Namen des Donon, »Frankenberg«, verweisen.

Diesen kann man recht wohl verstehen als Bezeichnung jenes letzten Ausläufers der Hoch-Vogesen, der noch von fränkischen Volkssiedlungen berührt wird, nicht aber im Anschluss an fränkische Herrensiedlung, die ja östlich und westlich das ganze umliegende Gebiet weithin bedeckt.

Hierzu kommt noch ein nicht zu verwerfendes Zeugnis, eine freilich nicht leicht zu entwirrende, aber doch nicht zu unterschätzende Quelle, die Tradition!

Ich denke dabei an die mittelalterliche Erzählung vom Herzog Hervis von Metz, deren ältere Version wohl in die Zeit des X. Jahrhunderts zurückreicht. Hiernach hatten die Wandres oder Hongres das Land überzogen und belagerten Metz. Hervis verlangt Hülfe vom König Pipin in Montloon (Laon), als von seinem Lebensherrn. Sie wird verweigert und nun geht Hervis zu Anseis, König von Köln, und bietet ihm die Oberherrlichkeit über sein Land an, wenn er ihm Hülfe bringt. Dies wird angenommen. Anseis schlägt sein Lager 4 lieues östlich von Metz, bei Ancerville sagt eine Handschrift, Hervis und Anseis schlagen vereint die Feinde: Hervis fällt. Anseis bemächtigt sich der Stadt Metz.

Die Erzählung, welche nach Prost die Sitte des X. und XI. Jahrhunderts schildert, geht natürlich auf viel ältere Ereignisse zurück. Wenn sie auch die verschiedenen Ereignisse, die dem Ganzen zu Grunde liegen mögen, noch mehr durcheinander zu werfen scheint, als das Nibelungenlied, so ist sie, wie dieses, doch nicht ein reines Gemische müssiger Erfindungen.

So enthält sie z. B. die Nachricht von der umfangreichen Spoliation der Kirche durch Karl Martel zum Zweck kriegerischer Rüstungen. Dies entspricht durchaus einem geschichtlich beglaubigten Vorgang.

Sollte nicht dem Barbareneinfall unserer Erzählung, gegen den statt des natürlichen Beschützers und Oberherrn im Westen ein deutscher König von Köln angerufen wird, ein wahrer Vorgang zu Grunde liegen?

Nehmen wir dies an, so haben wir so ziemlich das, was hier aus ganz andern Thatsachen gefolgert worden ist.

---

[1]) Warum ich diese nicht von den unterworfenen Alemannen herleiten möchte, darüber siehe: Siedlungen, Seite 9, 20 und 37; im südlichen Lothringen finden sich auch noch so echt rheinfränkische Ortsnamen wie Burscheid und Walscheid.

Der Herr im Westen, der den Metzern nicht helfen will oder kann, war der römische Staat, resp. sein Vertreter in Soissons; zwischen Laon und Soissons ist ja kein grosser Unterschied; der König von Köln ein ripuarischer Frankenkönig — es hat seither nie wieder Könige in Köln gegeben. Die Barbaren konnten dann nur Alemannen sein.

Die Hunnen kommen nicht in Frage, da die Ripuarier ihnen gezwungen folgten und mit ihnen bei Châlons gegen ihre salischen Stammesgenossen kämpften. Der Einfall der Vandalen und Alanen aus dem Anfang des V. Jahrhunderts noch weniger: damals blieb Metz ja noch ungestört römisches Territorium.

Aber für die Zeit nach der Mitte des V. Jahrhunderts ist dies nicht mehr gewiss; die so nahe Ansiedlung der Germanen lässt Zweifel aufkommen. Ein Hülfszug von Ripuariern würde in der Gegend von Ancerville einen Metz bedrohenden alemannischen Feind wirksam in seiner Rückzugslinie bedroht und gezwungen haben, sich gegen den Heranziehenden zu wenden; damit wäre dann der Übergang von Metz an Chlodwig mit dem ganzen Ripuarier-Reich in einfacher Weise erklärt. Metz wäre in eine Art Schutzverhältnis zu den Rhein-Franken getreten, die deshalb sein Gebiet schonten und schützten, aber auch bis nahe an die Stadt besiedelten.

Prost, der durchaus geneigt ist, diesem Zuge der Tradition einen historischen Kern beizumessen, hätte also ganz recht gesehen, wie bei einem so feinen Beurteiler ohnehin zu vermuten stand [1].

## VI.

Rings um Metz liegen, soweit nicht germanische ingen uns aufstossen, über eine gewisse Entfernung hinaus eine grosse Anzahl von Orten der Art, die ich als fränkische Herrensiedlungen bezeichnete [2] charakterisiert durch Endungen in ville, court, villers etc.

Diese erstrecken sich weit nach Westen und Süden, wie die Übersichtskarte I zu meinem citierten Buche ergiebt.

Um die Verhältnisse des Metzer Landes hinsichtlich der Häufigkeit der prägermanischen und postgermanischen Ortsnamen mit denen des französischen Sprachgebietes zu vergleichen, denken wir uns einen Kreisring in 20 km Abstand von Metz und von 10 km Breite gezogen, beginnend bei Bettainvillers im NW., über Westen und Süden nach

[1]) Vergl. Prost, Etudes sur l'histoire de Metz. Les Légendes. 1865. S. 390 ff., u. a. O., S. 57.
[2]) Fränkische und alemannische Siedlungen. Kap. 5.

Vittoncourt im SO., wodurch wir vom romanischen Sprachgebiet, wie es zur Zeit der grössten Ausdehnung des Germanischen begrenzt war, ein Stück abschneiden, dessen Fläche etwa dem von uns untersuchten Gebiete um Metz entsprechen wird.

Auf diesem Gebiete finden wir leicht über 70 Ortsnamen jener hybriden Bildung, die wir für fränkische Herrensiedlungen halten müssen, um Metz nur ein Dutzend; dagegen von Ortsnamen, die die Spur der Endung acus aufweisen, deren wir oben aus dem Metzer Lande eine so grosse Anzahl zu erörtern hatten, finden wir hier kaum über ein Dutzend.

Auch romanische Ortsnamen descriptiver Natur scheinen mir in jenem Kreisring nicht eben häufig zu sein.

Das Verhältnis ist also vollkommen umgekehrt[1]). Wie ist das zu deuten?

Hier ist es von entscheidender Bedeutung, wie wir diese Ortsnamen uns entstanden denken.

Die Thatsache der Anhäufung von prägermanischen Ortsnamen um Metz geht mit aller Deutlichkeit schon aus der Karte hervor, welche Witte seinem Buche »Deutsche und Keltoromanen in Lothringen« beilegte. Da er aber auch die Orte auf ville, court etc. mit germ. Personennamen im ersten Teil im grossen Ganzen für Besitzungen solcher Keltoromanen ansieht, welche eben germ. Personennamen angenommen haben, so erscheint für ihn die Grenze zwischen den prägerman und postgerman benannten Orten von ganz anderer Bedeutung.

Für ihn ist Alles rein romanisch besiedeltes Land, und wenn man frägt, warum bei Metz die prägermanischen Personennamen erhalten blieben, so wird man versucht zu glauben, hier hätte vielleicht weniger Verheerung geherrscht, oder jene Orte seien Neuanlagen, etwa auf Grund von Rodungen.

Ein solches Verschontbleiben gerade der näheren Metzer Umgegend ist aber in keiner Weise wahrscheinlich; die reiche Umgebung von Metz, das mehrfach bestürmt worden sein dürfte, von den Hunnen sogar eingenommen wurde, ist nicht glaubhaft. Anderseits war für so über-

---

*[1]) Auf dem Plateau westlich vom »Val de Metz« ist das Verhältnis ähnlich wie weiter westlich; insbesondere aber scheint das ganze Gebiet von Toul und Verdun, wovon nur ein kleiner Teil in jenen »Kreisring« fällt, dicht besetzt mit Ortsnamen auf ville, court, mont etc. Da findet sich auch der alte merkwürdige Name eines Lehenshofes »Malberg« bei Morlaincourt und ein Wald von Hesse. Von Verdun nun steht durch die Vita S Maximini fest, dass es sich gegen Chlodwig aufgelehnt hatte!

aus zahlreiche Rodungen gewiss kein Raum mehr, die Zeit auch für massenhafte Neugründung durch Romanen wahrlich nicht günstig. Es ist auch zu beachten, dass die Ortsnamen auf ville, court auf die Zeit vor dem VIII. Jahrhundert zurückgehen müssen. Als Karl Martel im VIII. Jahrhundert seine Krieger in grossem Masstabe mit Kirchengut belehnte, wurden diese »Reiterlehen« entschieden in anderer Weise (wahrscheinlich unter Nachsetzung des Personennamens) benannt; sonst würde sich die Begrenzung des Verbreitungsgebietes jener älteren Namen nicht erklären lassen. Karl Martel verlieh doch wohl nicht nur in dieser Begrenzung Güter.

Nach meiner Ansicht, die ich in meinen »Siedlungen« in mehreren Kapiteln begründet habe, sind aber die ersteren Ortsnamen Siedlungen von fränkischen Kriegern, denen der König Land und Leute, sei es Leibeigene, sei es Kolonen, überliess.

Diese Ansicht ist von Gröber[1]), Heyk[2]) und Wolfram gebilligt worden.

Was also hier den fränkischen Kriegern verliehen wurde, waren Domänen von der Art der villae, wie wir sie im Metzer Lande kennen gelernt haben, nur erhielten sie neue Benennungen.

Wo Vollfreie in grösserer Zahl hausten, oppida, castra, vici, burgi, derartige Orte wurden begreiflicher Weise an diese Krieger nicht vergeben. Dies hätte dem von mir a. a. O., S. 61, besprochenen Zwecke nicht gedient, wäre auch mit der Schonung für Freiheit und Eigentum der Einwohner Galliens, wie sie die Franken, besonders die Salier übten, nicht vereinbar gewesen[3]).

Dagegen kann es ohne erhebliche Schmälerung des Besitzes für die römischen Grossgrundbesitzer dennoch nicht abgegangen sein.

Wie sollten auch die senatorischen Familien von den siegreichen Saliern eine Immunität erlangt haben, auf die sie selbst formell freiwillig in der Lugdunensis zu Gunsten der von ihnen aus der Sabaudia ins Land gerufenen Burgunder verzichteten[4]).

Die von den fränkischen Kriegern besetzten Grundkomplexe, dorfartige Anlagen oder Gehöfte von Kolonen oder Leibeigenen bevölkert (villae - curtes), hatten also wohl meistens vorher Bezeichnungen, die,

[1]) Zeitschrift für roman. Philologie, XVIII, S. 440 ff.

[2]) Litteraturblatt für germ. und roman. Philologie, XVII, S. 195.

[3]) Solche Orte bekamen erst viel später in der Zeit des ausgebildeten Lehenswesens einen Seigneur und ihre Benennung nach ihm. — Damit, glaube ich, beantwortet sich die von Gröber, Zeitschr. für roman. Philologie, XVIII, S. 446, aufgeworfene Frage, warum châtel, vie und bourg niemals mit vorgesetztem Personennamen vorkommen. (Ausnahmen sind sehr selten: Hattonchâtel).

[4]) Vgl. Jahn, Geschichte der Burgunder, I, S. 407, 433 ff.

ähnlich wie die Orte im Metzer Lande, auf die romanischen Grundherren Bezug hatten, mochte nun diese Bezeichnung bereits zum Eigen-
namen geworden sein oder nicht.

Auch von diesen Herrensiedlungen ist also ein gewisser Kreis um
Metz freigeblieben, daher das so häufige Vorkommen der älteren
Namensformen. Das Bild, das hieraus sich ergiebt, ist also folgendes:
Was von dem mächtigen Gebiete der Mediomatriker um die Mitte
des V. Jahrhunderts noch nicht abgerissen war, das wurde in der
zweiten Hälfte im Norden und Osten bis auf wenige Wegstunden von
Metz von germanischen Volkssiedlungen eingenommen. Die Scheidelinie
zwischen Romanen und Germanen dürfte wohl in der ersten Zeit durch
eine Waldzone gebildet worden sein, deren Reste, wie mir scheint,
noch jetzt sich auffinden lassen, und zwar wie folgt von Süd nach Nord
durch Ost:

Staatswald von Amélécourt, Wald von Lesse und Neufcher, Bois
blanc, Gehölze um Chémery, Staatswald von Remilly, Gehölze bei
Rollingen und Morlingen, Wald von Kurzel, Wald von la Luë[1]) und
die ganze Waldzone zwischen Haiss und Charleville, Sergenwald,
Wald von Vigy, Champion und weiter hinab zur Mosel.

Zur Begründung der Annahme, dass alle diese Waldungen einst
zusammenhingen, könnte ich mich auf das Terrain — meist Plateaus,
Wasser-Scheiden ohne grössere Orte und dgl. — berufen, allein für
die Strecke von der Rotte an bis zur Mosel liegt ein direkter Beweis vor:
es ist dies eine Urkunde Heinrichs II, dd Frankfurt 12. Januar 1018[2]),
worin dieser seinem Schwager, Bischof Theodorich von Metz, das Recht
der Waldnutzung (das forastare) an einem Walde schenkt, dessen Ver-
lauf wie folgt beschrieben wird:

Von einem Punkte der oberen Seille an, wohl von der Einmündung des Seebachs, an diesem hinauf bis Dodeisnes, von da zwischen
Tincry und Moncheux hindurch und den Bach Stampenei — es muss
der Didelbach sein — hinab bis zur Französischen Nied, an dieser
bis zur Einmündung der Rotte hinab, die Rotte hinauf, und nach Dieders-
dorf und nördlich nach Edelingen (Delinga), dann über einen Punkt,
der Heisterbach (?) heisst, zur Dentschen Nied (den) und diese hinab
bis zum Einfluss in die Französische Nied gegenüber Nortchen. Von
Nortchen nach Mitchen und nach einer villa Herede(?), nach Ruppigny
und an der Beuvotte hinab bis Arganey. Quandam silvam his limi-
tibus terminatam, heisst es im Text.

---

[1]) La Luë — früher Leu, offenbar von Loo, Lohe = Wald.

[2]) Den Hinweis auf dieselbe danke ich Herrn Archivdirektor Dr. Wolfram.

Ueber die Grenze der germanischen d. i. fränkischen Volkssiedlung hinaus wurde man im Laufe der Zeit auch das südliche und westliche Gebiet mit einem mässigen Abstande von fränkischen Herrensiedlungen in Anspruch genommen [1]), ein Bezirk von immerhin nicht unbeträchtlicher Grösse aber um die Stadt herum blieb davon so ziemlich, man darf wohl annehmen völlig verschont.

Die wenigen Ortsnamen vom Typus der Herrensiedlungen können, ja müssen fast in der Zeit entstanden sein, da Metz, was gleich nach Chlodwigs Tod eintrat, Residenz eines Merowinger Fürsten, endlich Hauptstadt Austrasiens wurde.

Dieser freigebliebene Bezirk verdient also in mannigfacher Richtung nähere Beachtung.

Zunächst scheint diese günstige Behandlung der civitas Metensis zu beweisen, dass dieses Gebiet auf friedlichem Wege unter die Herrschaft der Franken kam. Nimmt man an, dass es als ein Bestandteil resp. Vasallenstaat des ripuarischen Königreichs an Chlodwig gelangte, so erklärt sich diese Begünstigung seitens der Ripuarier wie seitens Chlodwigs sehr leicht, sie ist ein Gegenstück zu dem Freibleiben des Gebiets der ripuarischen Volkssiedlungen (ingen) in Lothringen von salischen Herrensiedlungen (heim) [2]).

Dieser friedliche Übergang von Metz an die Ripuarier und demnächst an das Reich Chlodwigs lässt uns auch verstehen, dass Spuren römischer Munizipalverfassung in Metz sich bis ins VI. Jahrhundert erhalten konnten; denn »Theodemund, praesidium civium«, erwähnt in einem Briefe der Gogus an Bischof Peter von Metz [3]), ist doch wohl als ein solcher Magistrat zu deuten.

Auch die Gewerbthätigkeit scheint sich zum Teil durch die drangvolle Zeit des V. und VI. Jahrhunderts hindurchgerettet zu haben; insbesondere scheint die in römischer Zeit hoch entwickelte Tuch-

---

[1]) Dass diese Herrensiedlungen westlich und südlich von Metz stattgefunden haben nach denselben Grundsätzen, wie jene weiter westlich, scheint nicht zu bezweifeln; dass sie aber nicht schon vor dem formellen Übergang des ripuarischen Reiches an Chlodwig (um 510) begonnen haben können, möchte ich nicht gerade behaupten.

Jedenfalls fanden hier vorzüglich Niederlassungen von Rheinfranken statt, wie ich bereits in meinen Siedlungen, S. 49, im Hinblick auf die scharfe Abgrenzung der neustrischen und der austrasischen Gruppe dieser »Herrensiedlungen« andeutete (a. a. O. S. 48).

[2]) Vgl. meine »Siedlungen«, Seite 28—42.

[3]) Wolfram, Die älteste Kathedrale in Metz, Jahrbuch f. lothr. Gesch., 1892², S. 246.

fabrikation[1]) in der bedeutenden Tuchmanufaktur sich forterhalten zu haben, die im mittelalterlichen Metz in Blüte stand[2]).

Dieser freigebliebene Bezirk zeigt uns ferner, wie etwa sich die Nomenklatur im nordöstlichen Gallien ohne die fränkische Landnahme gestaltet haben würde und hat uns oben schon Gelegenheit gegeben, die sozialen Verhältnisse des römischen Galliens näher zu erörtern.

Endlich fällt dieser Bezirk, wie es scheint, so ziemlich mit dem Umfang des alten pays messin und damit mit dem des ältern pagus Mettensis zusammen[3]).

Diese Grenzen hat aber auch die französische Verwaltung respektiert, sie haben auf die Bildung des Arrondissement Metz Einfluss gehabt, und da die Grenze dieses Arrondissement zum Teil im Friedensvertrag vom 10. Mai 1871 der neuen deutsch-französischen Grenze zu Grunde gelegt wurde[4]), so sehen wir in der heutigen Reichsgrenze die uralte Grenze der fränkischen Landteilung unter den Franken wieder als politische Grenze zum Vorschein kommen - ein Vorgang, der, so seltsam er erscheint, durchaus nicht einzig in der deutschen Geschichte dasteht, wie an anderer Stelle vielleicht noch erörtert werden wird.

Nicht den geringsten Wert aber haben diese Untersuchungen vielleicht dadurch, dass sie zeigen, wie auf diesem Wege neues Material für die Beurteilung der Art und Weise der Landteilung zwischen Franken und Römern herbeigebracht werden kann, besonders wenn ähnliche Untersuchungen für das ganze Gebiet des fränkischen Reichs angestellt würden, wozu einen Anstoss gegeben zu haben dem Verfasser zu grosser Befriedigung gereichen würde[5]).

---

[1]) Keune a. a. O., S. 43.

[2]) Westphal, Gesch. d. Stadt Metz, I., S. 146.

[3]) Ein Umstand, auf den mich Herr Archivdirektor Wolfram hinwies. Vgl. Beilage zur Allg. Zeitung 1897, No. 118.

[4]) Derselbe bezieht sich auf die Friedenspräliminarien vom 26. Februar 1871, die im Art. 1 die West- und Südwestgrenze des Arrondissements Metz und die Westgrenze des Arrondissements Saarburg als massgebend erklären.

[5]) Herr Professor Dr. Gröber hatte die besondere Güte, bei der Correktur besonders der beiden ersten Abschnitte mir mit seinem Rate beizustehen, wofür ich demselben meinen wärmsten Dank ausspreche; ebenso möchte ich bei diesem Anlasse den Leitern der Münchener Hof- und Staats-Bibliothek, der Strassburger Universitäts-, der Metzer Archiv- und der Stadt-Bibliothek für ihr freundliches Entgegenkommen meinen besten Dank abtragen.

# ANHANG.

—

I. Ennery und die sub A besprochenen Ay, Flévy und Trémery bilden mit
Hauconcourt den kleinen Bezirk, der bis an die Gemeindegrenzen von Argancy
an Metz heranreicht, und für dessen einstige Zugehörigkeit zum deutschen Sprachgebiete, wie auch bezüglich noch mancher anderer Ortschaften, ich in meinen
Siedlungen, S. 103 ff., auf Grund der Flurnamen des Katasters eingetreten bin; im
Gegensatz zu Witte, der diese Orte in seiner Schrift »Zur Geschichte des Deutsch-
tums in Lothringen« als nie germanisiert hinstellt.

Ich wollte damit nachweisen, einerseits, dass das deutsche Sprachgebiet
die Grenzlinie der massenhaften »ingen« im allgemeinen nicht weit überschritten
habe, wie ich das Seite 27 behauptet hatte; andererseits im Laufe dieser Untersuchung prüfen, ob die Bestimmung der einstigen, für das Deutsche günstigsten
Sprachgrenze durch Witte a. a. O. nicht eine Berichtigung erheische.

Auf diese Feststellungen nun bezieht es sich zweifellos, wenn Witte in der
Zeitschrift für Geschichte des Ober-Rheins, Jahrgang 1894, S. 329, schreibt:

> »Schiber projiciert die in solchen Quellen gefundenen Materialien
> in eine viel zu frühe Zeit zurück; damit verbindet sich in Ermangelung
> besserer Beweismittel eine ganz unstatthafte Behandlung der Ortsnamen.
> Durch die Kombination dieser beiden Fehler ist Schiber zu dem ent-
> sprechenden Schlusse gekommen, Argancy sei im 9. Jahrhundert
> deutsch gewesen.«

»S. 104« citiert der Herr Berichterstatter!

Nun, Seite 104 steht einmal das nicht; sondern nachdem noch eine Be-
dingung vorausgeschickt ist:

> »Darnach wäre im 9. Jahrhundert Argancy wenigstens an der Sprach-
> grenze gelegen, wenn diese offenbar keltische Gründung nicht selbst ger-
> manisiert war.«

Das ist also etwas wesentlich Anderes.

Von Materialien, die dem Kataster entnommen sind, ist hier keine Rede —
die Stelle ist also offenbar nur exemplikativ für die falschen Schlüsse, die aus
fehlerhafter Methode sich entsprechend ergeben müssen.

Was nun diese Fehler anlangt, so habe ich die Germanisierung unserer
Orte nur in die Zeit vor dem 15. Jahrhundert zurückdatiert (Seite 74, Note 1). Eben
desshalb deute ich Seite 104 vorsichtig und bedingt an, dass hier möglicherweise
ein Anhaltspunkt für eine nähere Datierung zu finden sei.

Ferner was die »mangels besserer Beweismittel herangezogenen« Ortsnamen
betrifft, so habe ich allerdings geglaubt, dass für einmal deutsch gewesene Orte
auch eine germanische Namensform existiert haben müsse. Diese suchte ich zu
erfahren und gab sie in Klammern an. Als Beweismittel genügten mir die Flurnamen vollauf. Soviel wegen der behaupteten Fehler der Methode!

Was nun das Resultat anlangt, das der Leser sich ohne weitere Ausführung logischer Weise e n t s p r e c h e n d unrichtig zu denken hat, so will ich nur erwähnen, dass Witte in seiner Schrift ·Das deutsche Sprachgebiet in Lothringen in seinen Wandlungen,· Stuttgart 1894, genau zu dem gleichen Ergebnis gelangt, dass die oben genannten Orte und manche andere von mir zuerst als früher deutsch bezeichnete Orte wirklich einst deutsch waren!

II Die Ortsnamen villa sowohl als villare, sofern der betreffende Ortsname nicht durch einen mit ihm verbundenen Personennamen, fast immer germanischen Ursprungs, ein mittelalterliches Gepräge angenommen hat, rechne ich zu jenen, die für sich die Vermutung des Ursprungs in der Zeit vor der fränkischen Landnahme haben.

Diese villaria scheinen früher wohl, ähnlich wie jetzt, durch Hinweise auf ihre Lage bestimmt worden zu sein, aber ohne einen besonderen Namen zu führen. Dies ist die Ansicht Gröbers und Kornmessers, der ich mich durchaus anschliesse. Wenn dagegen Kornmesser[1]) die schweizerischen und schwäbischen wyl und weil sich zu villa in demselben Verhältnis stehend denkt, wie weiter zu villare, so ist dies kaum zutreffend.

Die Schweizer wyl sind vielmehr in den alten Urkunden fast ausnahmslos villare, insbesondere wenn die Dokumente über das XII. Jahrhundert zurückdatieren. Studer, in seinen Schweizer Ortsnamen, Zürich 1896, giebt für 44 Ortsnamen auf wyl die alte Form villare. Die wenigen Fälle, wo die älteste Form wil ist, datieren alle aus dem XIII. oder Ende des XII. Jahrhunderts. Bezüglich der schwäbischen weil dürfte es ebenso sein. Die in Baden und Ober-Elsass oft vorkommenden Ortsnamen auf weier sind ebenfalls fast ohne Ausnahme (nur Riedweier im Ober-Elsass heisst Riedwiger) auf villare zurückzuführen, wie sich aus Stoffel, Dict. top. de la Haute-Alsace und aus dem Ortsverzeichnis des Grossherzogtums Baden, Karlsruhe 1886, ergiebt[2]). Wir scheinen somit in Ober-Deutschland nur mit der Verbreitung der villaria, nicht der villae zu rechnen zu haben; die besten und offensten Landstriche sind eben von den volkstümlichen Gewannfluren eingenommen worden; diese entsprechen den von mir als Sippensiedlungen bezeichneten Orten. Die Gebiete der grösseren Villen-Anlagen sind also wohl von Sippensiedlungen besetzt worden, die zum Teil dann wieder fränkische Heime wurden.

Was die Verbreitung der »weiler« anlangt, so hat sich mir seither ergeben, dass dieselbe, wie ich schon in meinen »Siedlungen« vermutete[3]), weit intensiver ist, als sich dies aus »Neumann« für das rechte Rheinufer ergab. Ich fand deren in Baden, incl. weier und einiger weniger weil, ca. 115 mit Personennamen und 12 ohne solche; in Württemberg 294 weiler und etwa ein Dutzend weil, in Bayern 63 weiler und 9 weil.

Hier ist der Ort, eine sehr wichtige Wahrnehmung anzumerken.

[1]) Die französischen Ortsnamen germanischer Abkunft, Diss. Strassburg, 1888

[2]) Die Umwandlung villare, viler, vilr zu wihr in Baden und im Ober-Elsass, zu wyl in der Schweiz scheint, weil ohne Analogon, sprachlich schwer zu erklären — hier sollte nur auf die Thatsache dieser Aufeinanderfolge in den Urkunden des Mittelalters hingewiesen werden.

[3]) Siedlungen, S. 6, Note 1.

Seit dem Erscheinen meiner »Siedlungen« ist das grosse Werk von Meitzen:
»Siedlungen und Agrar-Wesen der West- und Ost-Germanen« erschienen. Hier stellt
der Verfasser auf Grund der von ihm im ganzen erwähnten Siedlungsgebiet durch-
forschten Flurpläne fest (Bd. 1, S. 434):

»Sie (eine derartige Teilung, wie sie bei diesen Weilern vorkommt) lässt
sich nur so denken, dass ein Machthaber, der die ganze Flur besass, dieselbe
nach seinem Ermessen teilte, einem Ermessen, dem sich jeder zu fügen hatte.«

Derselbe findet auch, genau wie ich für das linke Rheinufer, für die »Weilergebiete« Schwabens »das fruchtbare Main- und Tauberthal ausgeschlossen« (S. 440):

»Alle diese nördlichen Weilergebiete stehen hinter den neben ihnen liegenden
Gebieten der volkstümlichen Gewanndörfer erheblich zurück.«

Also ganz wie ich es in Lothringen für die »ingen« im Gegensatz zu den
»weiler« feststellte[1]!

Die erfreuliche Bestätigung dessen, was ich auf ganz anderm Wege gefunden
hatte, liegt auf der Hand.

Bemerkenswert ist auch, wie Meitzen in Nord-Frankreich die Gewanne,
denen er das Eingreifen fränkischer Grundherren in die Bodenverteilung ansieht,
südlich bis zur Loire und westlich bis Châteaudun gehen (1, S. 559), also genau
dasselbe Gebiet bedecken lässt, wie die von mir als Resultat der ersten der
Eroberung folgenden Landnahme betrachteten Ortsnamen auf ville, court etc.[2]

Dieses ganz unerwartete Zusammentreffen von Untersuchungen auf ver-
schiedenster Grundlage dürfte die gewonnenen Resultate erheblich vertrauens-
würdiger erscheinen lassen.

Eine merkwürdige anthropologische Bestätigung, dass die Terrains, welche
mit den grundherrlichen Weilersiedlungen bedeckt sind, von der germanischen
Einwanderung in geringerem Masse betroffen wurden als die fruchtbaren Thalflächen,
finde ich bei Auerbach: »Le plateau lorrain«, Nancy 1893, Seite 338.

III. Zur Ortsnamen-Gruppe *A.* (S. 52 ff.) sind noch nachzutragen ausserhalb
des Metzer Landes:

*Brettnach.* 1179 Britnacha, Britannius, d'Arbois, S. 201.

*Chémery.* 1606 Chemeri, deutsch Chemerich. Cammarius, I. X. 2812.

*Moussey.* 1288 Muusseys. Mustius, I. VIII, 2949 ff. Vgl. d'Arbois, S. 287.

---

[1] Siedlungen, S. 46 ff.
[2] Siedlungen, S. 46 ff.